Irmgard Kneißler

Ravensburger® Hobbykurse

Kreatives Origami

20 Variationen einer Grundform

Otto Maier Ravensburg

© 1987 Ravensburger Buchverlag Otto Maier GmbH
1. Auflage 1986
Alle Rechte vorbehalten
Fotos: Alfons Glocker, Aalen
Zeichnungen: Bernd Burkhart, Stuttgart
Satz: E. Weishaupt, Meckenbeuren
Gesamtherstellung: Himmer, Augsburg
Printed in Germany

90 89 88 87   6 5 4 3

ISBN 3-473-45673-X

Inhalt

Einleitung

Origami ist in den letzten Jahren in der westlichen Welt so bekannt geworden, daß Papierfalten ohne Kenntnis dieser traditionsreichen japanischen Falttechnik kaum noch denkbar ist. Verständlich ist dieser Siegeszug schon deshalb, weil Origami jedem die Möglichkeit bietet, aus einem einfachen Stück Papier eine Vielzahl erstaunlicher und überraschend reizvoller Figuren und Modelle zu fertigen.

Dazu kommt jedoch, daß merkwürdigerweise diese alte asiatische Kleinkunst dem heutigen Verständnis für technische Zusammenhänge und logische Abläufe entgegenkommt, ohne dabei den individuellen Gestaltungswillen und die Phantasie des Faltkünstlers zu unterdrücken.

Ein wesentliches Merkmal der japanischen Papierfaltkunst ist die Entwicklung der Figuren aus verschiedenen Grundformen. Wie vielseitig die Gestaltungsmöglichkeiten sind, zeigen die hier zusammengestellten Modelle, die alle aus einer einzigen Grundform – der Drachengrundform – entstehen. Fast alle im Origami vorkommenden Falttechniken und Faltfolgen werden bei diesen Figuren angewandt, so daß das Nachfalten ein guter, aber nicht zu schwerer Einstieg in die japanische Kunst des Papierfaltens ist.

Grundregeln der Faltkunst

1. Es wird stets auf einem festen, glatten Untergrund gefaltet.

2. Alle Falten werden so genau und gerade wie möglich ausgeführt.

3. Alle Falten werden mit Daumennagel oder Falzbein fest eingestrichen.

4. Das gewählte Papier soll in Farbe und Beschaffenheit möglichst gut zu der gewünschten Figur passen.

5. Nach jedem Faltgang wird die Arbeit genau in die aus der Zeichnung ersichtliche Lage gebracht.

6. Bei jedem Faltgang wird bereits die nächste Arbeitsskizze ins Auge gefaßt, weil sie das Ergebnis des gerade zu vollziehenden Arbeitsganges zeigt.

Welches Material braucht man?

Einziges Material ist Papier. Es sollte möglichst dünn, reiß- und streichfest sein. Ein Papier ist streichfest, wenn es sich beim Einstreichen der Falten nicht dehnt und wellig wird. Günstig ist ein Papier mit einer farbigen und einer weißen Seite, weil die zweite Farbe oft als Gestaltungsmoment dient. Es gibt speziell für diese Faltkunst hergestellte und maßgetreu zugeschnittene Origami-Papiere (z. B. Ravensburger Hobby. Origami-Papier. Otto Maier Verlag Ravensburg, Art.-Nr. 180189).

Aufbau der Arbeitsanleitungen

Die erste Zeichnung einer Arbeitsanleitung zeigt jeweils die Grundform, aus der die Figur entwickelt wird. In diesem Buch ist es immer die gleiche, die Drachengrundform. Die Anweisungen zum Falten dieser Grundform werden nicht bei jeder Figur wiederholt, sondern nur einmal erläutert und dann als bekannt vorausgesetzt (siehe Seite 10).

Zeichenerklärungen

Vor der ersten Arbeitsan-
leitung hier zunächst die
Erklärung immer wieder-
kehrender Symbole in
den Zeichnungen und
wichtiger Begriffe.

So stehen in den Zeich-
nungen die Kennbuch-
staben für hinten oder
innenliegende Ecken,
Spitzen oder andere Teile
in einem Kreis (Abb. 1).

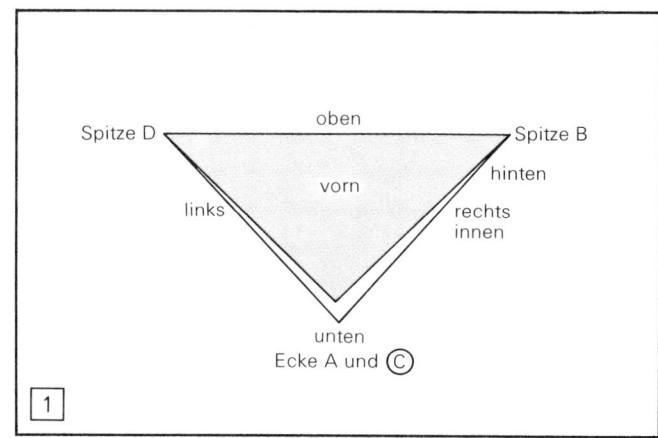

„Oben" heißt: vom
Körper wegweisend;
„unten": zum Körper
weisend;
„hoch": senkrecht auf der
Arbeit stehend (Abb. 2).

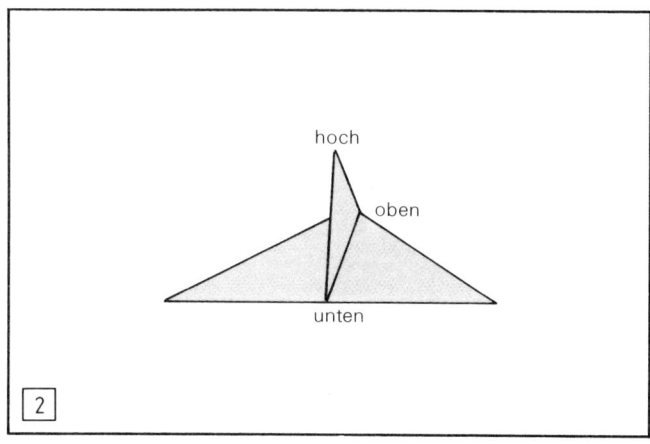

Eine gestrichelte Linie
kennzeichnet eine Tal-
falte;
punktierte Linie = Berg-
falte;
angedeutete Linie =
Bruch (Abb. 3).
Strichpunktlinie = Knick.

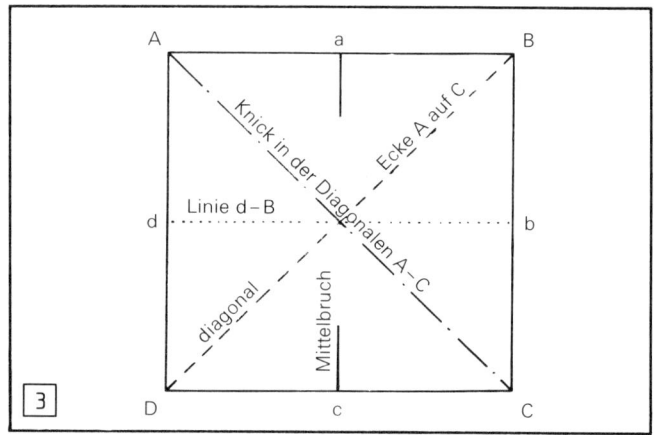

6

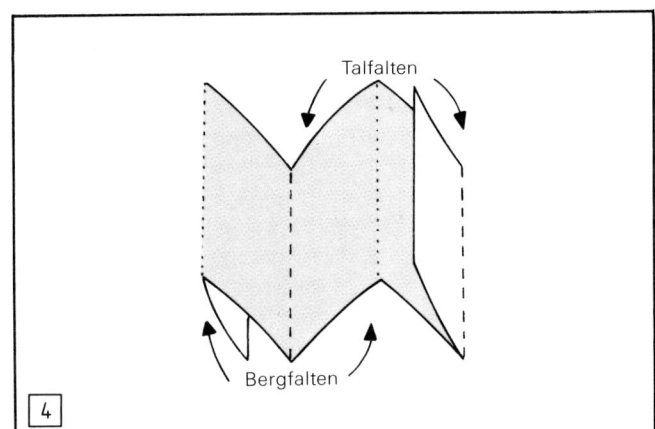

"Talfalten" werden nach vorn gefaltet.
"Bergfalten" werden nach hinten gefaltet (Abb. 4).

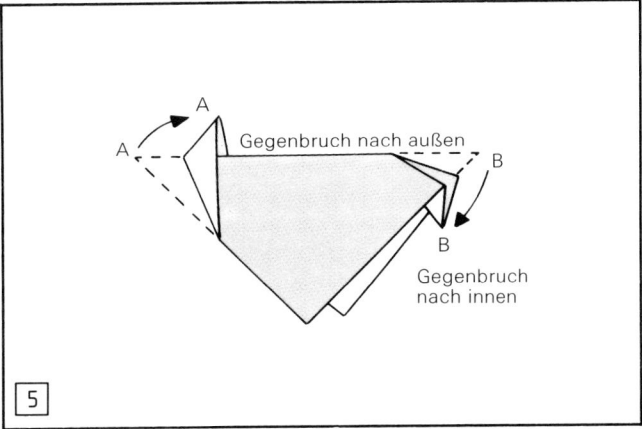

Eine "Gegenbruchfalte nach außen" wird durch eine gestrichelte Linie dargestellt;
eine "Gegenbruchfalte nach innen" wird durch eine punktierte Linie dargestellt (Abb. 5).
Siehe auch Seite 12 und Seite 14.

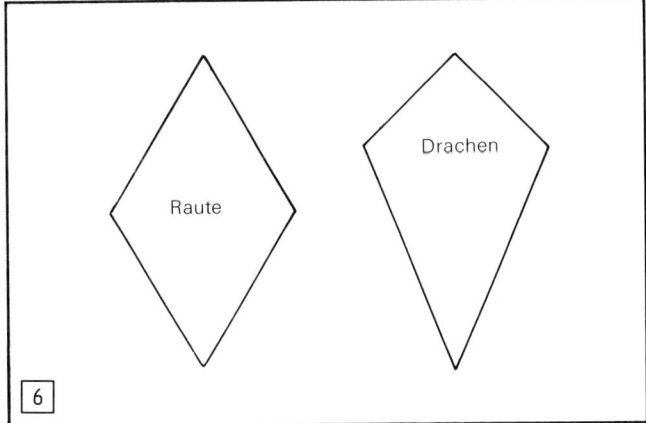

Formen, die während des Faltens häufig entstehen (Abb. 6).

Alle Origami-Begriffe auf einen Blick

Außen: Hintere und vordere Seite der Arbeit (Abb. 1, Seite 6);

Bergfalte: Sie wird nach hinten ausgeführt. Der Bruch der wieder geöffneten Falte liegt hoch, bildet also einen Berg (Abb. 4, Seite 7);

Bruch: Eine wieder geöffnete Falte (Abb. 3, Seite 6);

Diagonale: Eine von Ecke zu Ecke schräg durch die Mitte laufende Linie (Abb. 3, Seite 6);

Drehen: Die Arbeit um den Mittelpunkt drehen, ohne das Faltblatt zu heben;

Ecke: Kann recht- oder stumpfwinklig sein (Abb. 1, Seite 6);

Gegenbruch: Eine vorhandene Falte in ihrem Bruch genau zur entgegengesetzten Seite falten;

Gegenbruch nach außen: Die bisher innen gelegenen Seiten liegen hinten und vorn außen auf der Arbeit (Abb. 5, Seite 7);

Gegenbruch nach innen: Die bisher außen gelegenen Seiten liegen nach Ausführung innen zwischen dem vorderen und hinteren Teil der Arbeit (Abb. 5, Seite 7);

Hinten: Teil der Arbeit, der auf dem Tisch liegt. Die Kennbuchstaben dieses Teils oder dieser Spitze, Ecke usw. sind eingekreist (Abb. 1, Seite 6);

Hoch: Senkrecht auf der liegenden Arbeit stehend (Abb. 2, Seite 6);

Innen: Alles, was zwischen dem hinteren und vorderen Teil liegt. Die Kennbuchstaben der innenliegenden Teile, Ecken oder Spitzen sind eingekreist (Abb. 1, Seite 6);

Klappen: Einen Teil der Arbeit in einem vorhandenen Bruch zur anderen Seite legen;

Knicken: Falten und wieder öffnen, um in der angegebenen Linie einen Bruch zu erhalten;

Linie: Verbindung von Punkt zu Punkt, z. B. **d−b** (Abb. 3, Seite 6);

Links: Teile, die links vom Mittelbruch liegen (Abb.1, Seite 6);

Mittelbruch: Läuft durch die Mitte der Arbeit oder des gerade zu faltenden Teils (Abb. 3, Seite 6);

Oben: Kante, Ecke oder Spitze, die vom Körper weg weist (Abb. 1, Seite 6);

Öffnen: Den letzten Faltgang rückgängig machen;

Rechts: Teile, die rechts vom Mittelbruch liegen (Abb. 1, Seite 6);

Spitze: s. Abb. 1, Seite 6;

Talfalte: Sie wird nach vorn ausgeführt. Der Bruch der wieder geöffneten Falte liegt tief, bildet also ein Tal (Abb. 4, Seite 7);

Unten: Kante, Ecke oder Spitze, die zum Körper weist (Abb. 1, Seite 6);

Vorn: Dem Beschauer zugekehrte sichtbare Seite (Abb. 1, Seite 6);

Wenden: Die Vorderseite auf den Untergrund nach hinten legen, die hintere Seite ist nun vorn;

Ziehen: Den bezeichneten Punkt fassen und auf den angegebenen Punkt legen;

Die Drachengrundform

Das Faltblatt wird mit der Farbseite auf den Tisch gelegt. Diese Farbseite wird später beim fertigen Modell außen sein. Die Strichpunktlinie in der Diagonalen **A–C** bezeichnet einen Bruch. Um ihn zu erhalten, wird die Ecke **B** auf die Ecke **D** gelegt, die Falte gut eingestrichen und wieder geöffnet. Die beiden von Ecke **A** ausgehenden gestrichelten Linien bedeuten Talfalten. Zur Ausführung wird die Kante **A–B** an den Diagonalbruch gelegt und die Falte eingestrichen. Mit der Kante **A–D** wird in gleicher Weise verfahren. Beim probeweisen Öffnen dieser Falten werden die Talfalten deutlich sichtbar. Die Figur entspricht jetzt der nächsten Zeichnung (Abb. 1 der Übungsfigur Schwan).

Quadratisches Faltblatt, Farbseite hinten. Diagonale **A–C** knicken. Talfalten in den gestrichelten Linien.

Ein Tip für Anfänger: Das Bezeichnen der Ecken **A, B, C, D** direkt auf dem Faltblatt ist eine Starthilfe, die sich nach kurzer Übung wieder erübrigt.

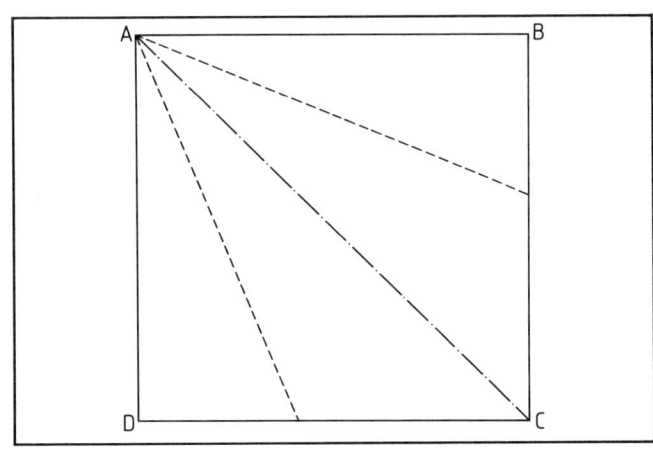

Übungsfigur Schwan

Ausgang:
Drachengrundform

Nur bei dieser Übungsfigur werden alle Arbeitsgänge ausführlich erklärt, bei allen folgenden Modellen werden nur kurze Anweisungen gegeben.
Die Lage der Faltarbeit muß immer der in der jeweiligen Zeichnung (hier Abb. 1) entsprechen. Die Drachengrundform muß hier also leicht gedreht werden, bis die Spitze **A** links liegt. Die Spitze **A** soll durch eine Talfalte ins Innere der Arbeit gebracht werden. Dazu ist es nötig, die bereits vorhandenen Falten zu öffnen, die Spitze **A** auf die Arbeit zu falten und anschließend die Falten wieder zu schließen. Wenn die Arbeit gedreht wurde, muß sie jetzt wieder in die ursprüngliche Lage gebracht werden.

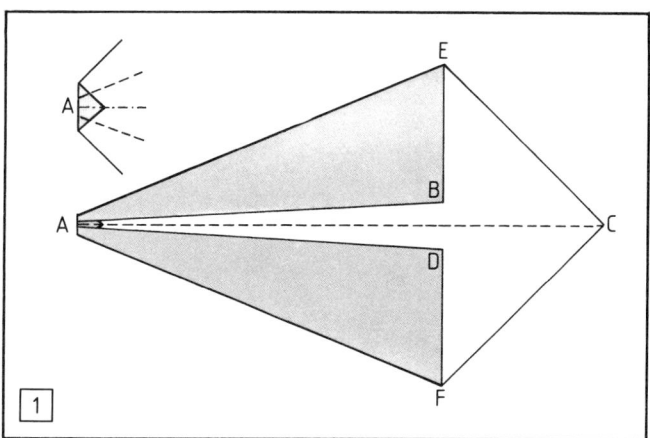

Talfalte bei Spitze **A**, so daß die Spitze innen liegt (siehe Teilzeichnung). Talfalte im Mittelbruch (Abb. 1).

Als nächstes verlangt die Arbeitsanleitung eine Talfalte im Mittelbruch, in der Zeichnung durch eine Strichlinie dargestellt. Hier könnte nun sowohl der untere Teil der Arbeit nach oben wie der obere nach unten geklappt werden. Ein Blick auf die nächste Zeichnung (Abb. 2) zeigt aber genau, daß in diesem Fall die Ecke **E** nach unten auf Ecke **F** gefaltet wird, denn die Ecke **F** steht in einem Kreis und die hinten oder innenliegenden Teile einer Arbeit sind stets durch eingekreiste Buchstaben gekennzeichnet. Außerdem befindet sich die Mittelbruchkante **A–C** waagerecht oben. Nach Ausführung aller zu Abb. 1 gegebenen Arbeitsanleitung muß die Figur der Zeichnung in Abb. 2 entsprechen.

11

In Abbildung 2 kennzeichnet die gestrichelte Linie eine Talfalte, die immer nach vorn auf die Arbeit ausgeführt wird. Aus der Abbildung 3 ist ersichtlich, daß nach Ausführung des Faltgangs die Kante **A–E** am Mittelbruch liegt. Das Kennzeichen **F** steht bei Abbildung 3 nach wie vor in einem Kreis. Dies bedeutet, daß die Kante **A–F** auf der Rückseite der Arbeit an den Mittelbruch gefaltet wird. Hierzu wird die Arbeit gewendet, die Falte ausgeführt und anschließend das Faltblatt erneut gewendet, damit die Spitze **A** wieder links ist und die Lage der Figur der Abbildung 3 entspricht. Gegenbruchfalten nach außen werden durch eine gestrichelte Linie dargestellt, weil dabei vorn und hinten an der Arbeit Talfalten entstehen. Bei Abbildung 3 soll die Lage der Spitze **A** durch eine Gegenbruchfalte nach außen verändert werden. Dazu wird in der Strichlinie zunächst eine normale Talfalte ausgeführt und anhand von Abbildung 4 geprüft, ob die gewünschte Lage getroffen wurde. Nach dem Öffnen dieser Talfalte wird im entstandenen Hilfsbruch der zu faltende Teil vorn und hinten über den restlichen Teil der Arbeit gelegt. Erst dann werden alle Falten gut eingestrichen. Der Hals des Schwans liegt jetzt über dem Körper (Abb. 4).

Während des Faltens kann man die Arbeit natürlich in die günstigste Lage drehen oder wenden. Danach sollte sie aber wieder die abgebildete Lage einnehmen.

Talfalte in der gestrichelten Linie vorn und hinten bei Ecke **E** und **F** (Abb. 2).

Bei Spitze **A** in der gestrichelten Linie Gegenbruchfalte nach außen (Abb. 3).

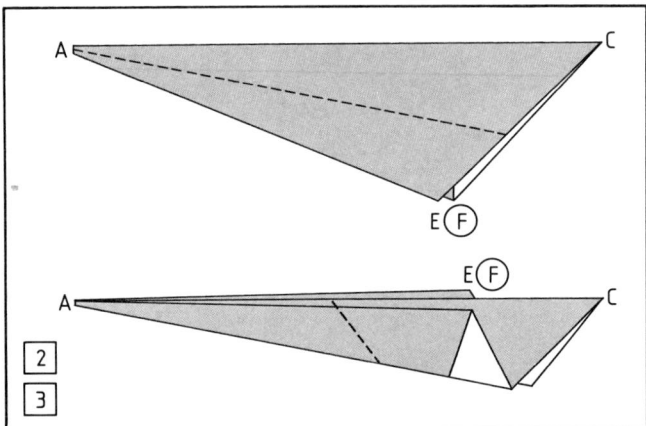

Bei Spitze **A** Gegen-
bruchfalte nach außen in
der gestrichelten Linie.
Bei Spitze **C** durch
Gegenbruchfalten nach
innen und außen den
Schwanz formen (Abb. 4).

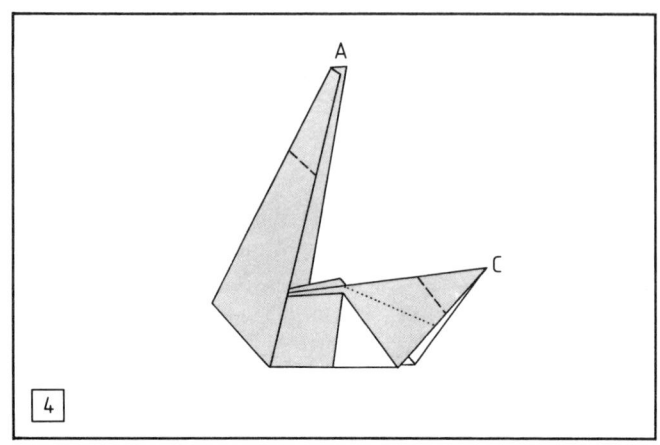

4

Wie bei Spitze **A** (Abb. 4) durch eine Gegenbruchfalte
nach außen der Kopf gebildet wird, wurde bereits
bei Abbildung 3 erklärt. Bei Spitze **C** soll durch Gegenbruchfalten nach innen und außen der Schwanz
geformt werden. Eine Gegenbruchfalte nach innen
wird durch eine punktierte Linie dargestellt, weil dabei
vorn und hinten Bergfalten entstehen. Trotzdem wird
auch dieser Faltgang durch eine normale Talfalte in der
punktierten Linie vorbereitet. Nach dem Öffnen dieser
Hilfsfalte wird der zu faltende Teil ins Innere der Arbeit
gedrückt oder gezogen, so daß der übrige Teil ihn
umschließt. Der Mittelbruch des gefalteten Teils legt
sich auch hier zu einem Gegenbruch um.

Die Ausarbeitung des Schwanzes soll durch Gegenbrüche nach innen und außen erfolgen. Diese Falten-
kopplung ist eine typische Origami-Technik. Beide
Falten werden praktisch gleichzeitig ausgeführt. Die
Spitze **C** wird also zunächst durch eine Talfalte in der
punktierten Linie nach unten und dann durch eine Talfalte in der gestrichelten Linie nach oben gefaltet und
die Richtigkeit der Lage anhand von Abbildung 5 über-
prüft. Nach dem Öffnen dieser Hilfsfalten wird die
Spitze **C** in der punktierten Linie nach unten ins Innere
der Arbeit gezogen und anschließend in der gestrichelten Linie wieder nach oben herausgefaltet. Der Schwanz-
teil wird vom übrigen Körper umschlossen (Abb. 5).

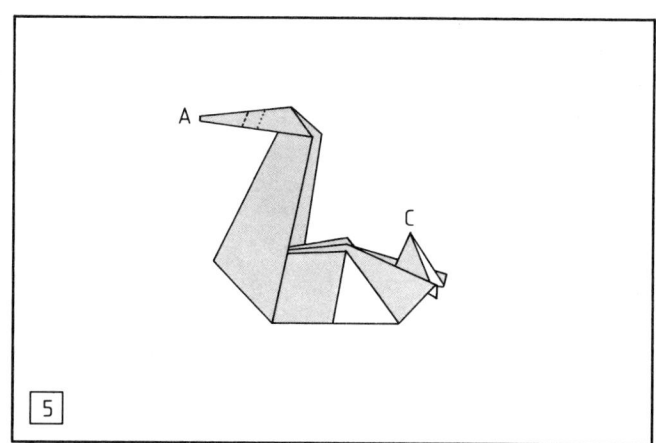

Durch Gegenbruchfalten nach innen und außen den Schnabel bilden (Abb. 5).

Bei Abbildung 5 wird der Schnabel bei Spitze **A** genauso durch Gegenbrüche nach innen und außen geformt wie bei Abbildung 4 der Schwanz.
Abbildung 6 zeigt den fertigen Schwan. Dabei ist nicht gesagt, daß sich alle nach diesem Faltschema gefertigten Schwäne gleichen, weil die Form individuell durch geringes Verschieben der Gegenbruchfalten verändert werden kann. Es kann zum Beispiel passieren, daß die Figur nicht die richtige Balance hat und nach vorn kippt. Dann kann der Hals etwas nach hinten gezogen werden, bis der Schwan gut steht. Der Schwan, aus nicht zu weichen Papierservietten gefaltet, ist übrigens ein entzückender Tischschmuck.

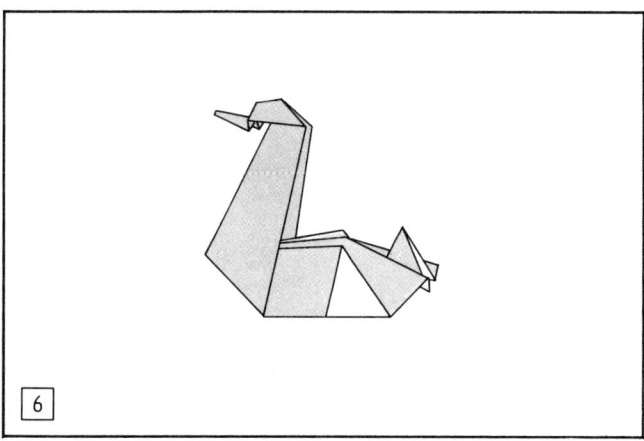

Fertiges Modell (Abb. 6).

Kreatives Origami

Seitdem die westliche Welt Origami entdeckt hat, verdammen viele ernsthafte Anhänger dieser Faltkunst das Benutzen einer Schere oder anderer Hilfsmittel als nicht traditionsgemäß und werkgerecht. Sie übersehen dabei, daß gerade bei sehr alten japanischen Faltvorlagen die Schere durchaus eine Rolle spielte und die Figuren oft durch Bemalen und Bekleben ausgeschmückt wurden. Zwar ist es faszinierend, welche Vielfalt von Formen aus einem einfachen Blatt Papier ohne Hilfsmittel (allein durch Falten) entstehen können, auf der anderen Seite grenzen zu streng gefaßte Regeln leicht die Phantasie ein.

Besonders Kinder haben Freude daran, einfache Figuren nach ihren Vorstellungen auszuschmücken und zu ergänzen. Wichtig ist allein die Erfahrung, daß sich die Eigenschaft des Papiers durch Falten verändern läßt, daß aus einer Fläche eine Plastik wird. Entscheidend für kreatives Origami ist die Fähigkeit, das Charakteristische einer Figur zu erkennen, wie zum Beispiel die langen Ohren und der kleine weiße Schwanz zur Vorstellung vom springenden Hasen hinleiten und der aufgeplusterte Körper mit dem kleinen Schnabel und dem breiten, hochstehenden Schwanz die typische Haltung einer Glucke versinnbildlicht.

Die ersten drei Figuren der folgenden Zusammenstellung sind Beispiele für einfaches Origami und sollen den Einstieg erleichtern.

Hühnervolk

Ausgang:
Drachengrundform

Talfalte im Mittelbruch
(Abb. 1).
Durch Gegenbruchfalte
nach außen bei Spitze **A**
den Schwanz formen.
Bei Spitze **C** durch
Gegenbruchfalte nach
innen Schnabel bilden.
(Abb. 2).

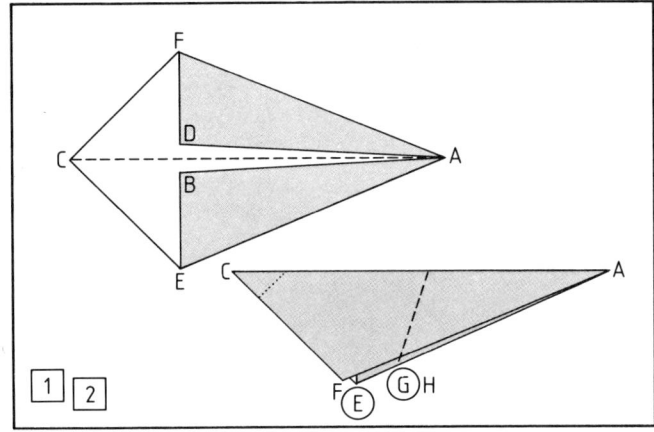

Huhn

Bei Spitze **A** Gegen-
bruchfalte nach innen.
Das Huhn muß auf den
Kanten **E–G** und **F–H**
stehen. Notfalls Spitze **A**
weiter zum Kopf herüber-
ziehen (Abb. 3).

Kamm aus Papier aus-
schneiden und ankleben
(Abb. 4).

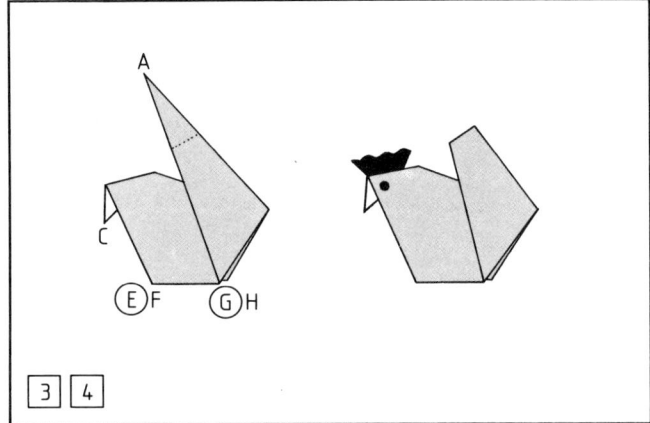

Hahn

Ausgang ist Abbildung 2.
Das Faltblatt kann etwas
größer sein als das für
das Huhn. Bei Spitze **A**
Gegenbruchfalte nach
außen (Abb. 3).

Bei Spitze **A** Gegen-
bruchfalte nach innen
(Abb. 4).

Kamm aus Papier aus-
schneiden und ankleben
(Abb. 5).

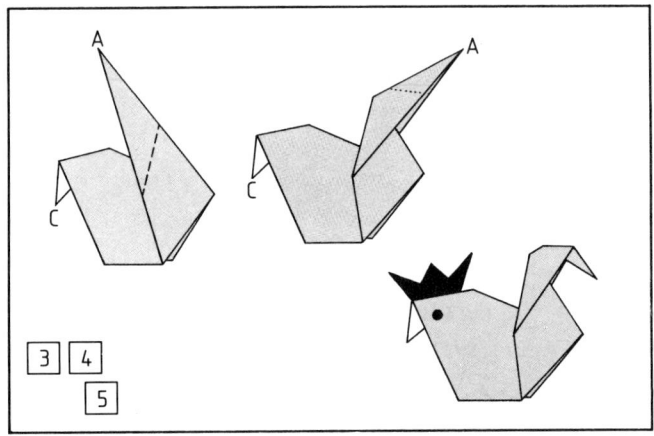

18

Hase

Ausgang:
Drachengrundform

Bei Ecke **C** Talfalte in der
gestrichelten Linie und
Bergfalten in den punk-
tierten Linien. Ecke **C**
liegt dann auf der Rück-
seite der Arbeit (Abb. 1).

Talfalte im Mittelbruch
(Abb. 2).

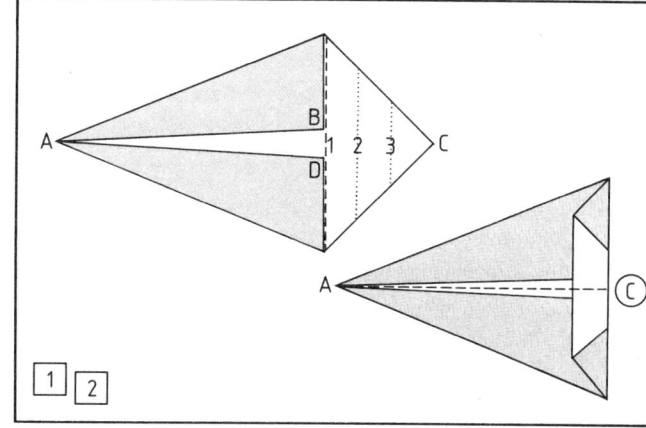

Bei Spitze **A** Gegen-
bruchfalte nach außen
(Abb. 3).

Bei Spitze **A** die Ohren
aufschneiden (Abb. 4).
Die ganz einfache Figur
ist fertig.

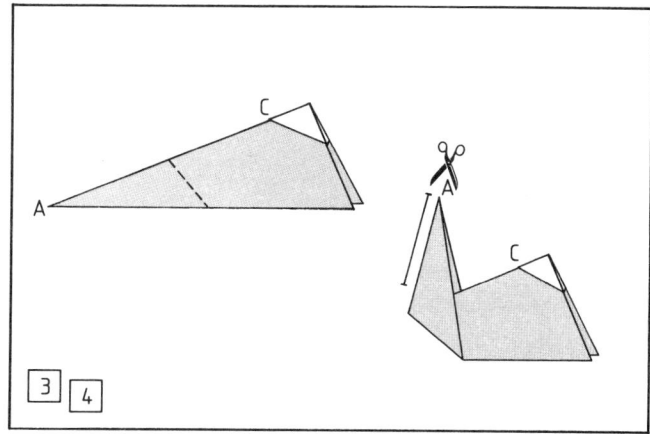

Der einfache Hase kann
noch etwas verfeinert
werden. Dafür den
schraffierten Teil vorn
und hinten ausschneiden
(Abb. 5).

Spitze **C** leicht herausziehen. Talfalten in den
gestrichelten Linien vorn
und hinten an den
Hinterbeinen (Abb. 6).

Fertiges Modell (Abb. 7).

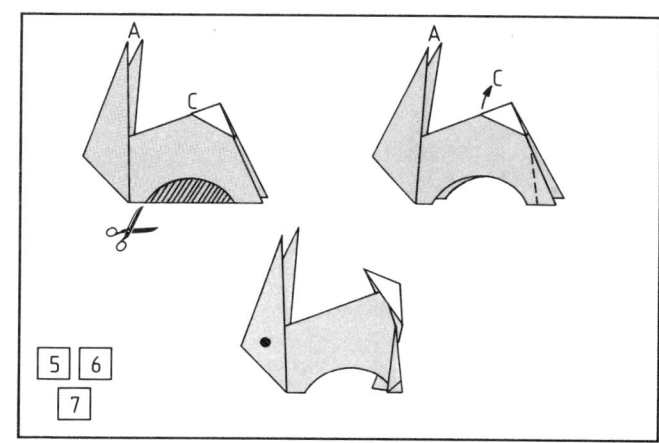

Elefant
(einfach)

Ausgang:
Drachengrundform

Talfalte im Mittelbruch
(Abb. 1).

Bei Spitze **A** Talfalte in
der gestrichelten Linie
(Abb. 2).

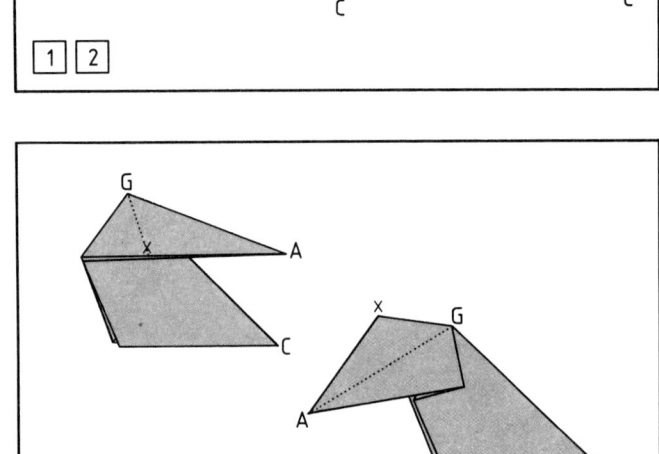

Punkt **X** in die in Abb. 4
gezeigte Lage drücken
und gleichzeitig Spitze **A**
öffnen und nach links
ziehen (Abb. 3).

Bei Spitze **A** Bergfalte
(Abb. 4).

Bei Spitze **A** durch
Gegenbruchfalte nach
innen den Rüssel bilden.
Die schraffierten Teile
vorn und hinten aus-
schneiden (Abb. 5).

Das fertige, sehr einfache
Modell (Abb. 6).

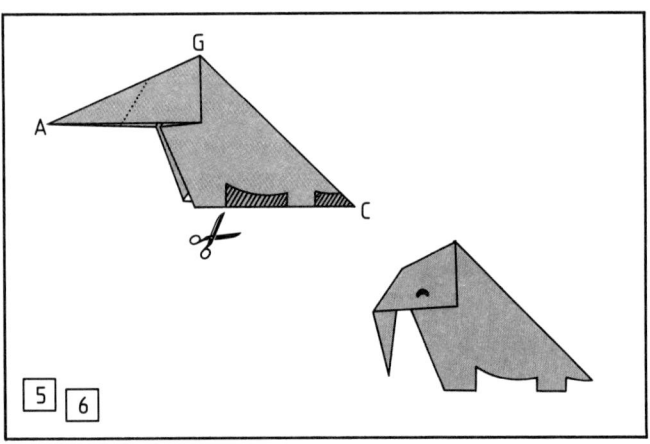

Wasserhuhn

Ausgang:
Drachengrundform

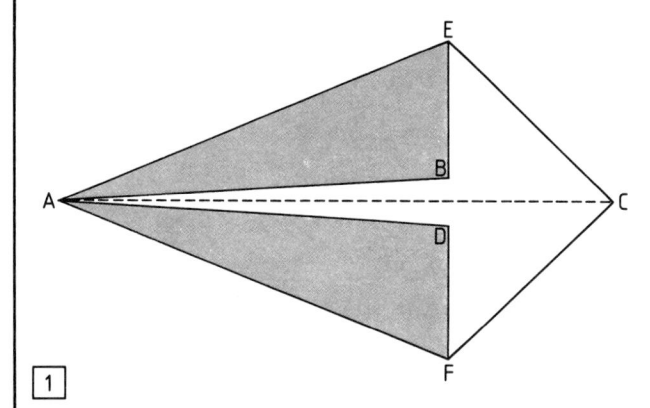

Talfalte im Mittelbruch
(Abb. 1).

Bei Spitze **C** durch
Gegenbruchfalte nach
innen den Schwanz
formen. Bei Spitze **A**
Gegenbruchfalten nach
innen und außen zur
Figur von Abbildung 3.
Dieser Faltgang gelingt
besser, wenn er zunächst
durch auf der Arbeit
ausgeführte Falten vorbe-
reitet wird, wie in der
verkleinerten Zeichnung
gezeigt (Abb. 2).

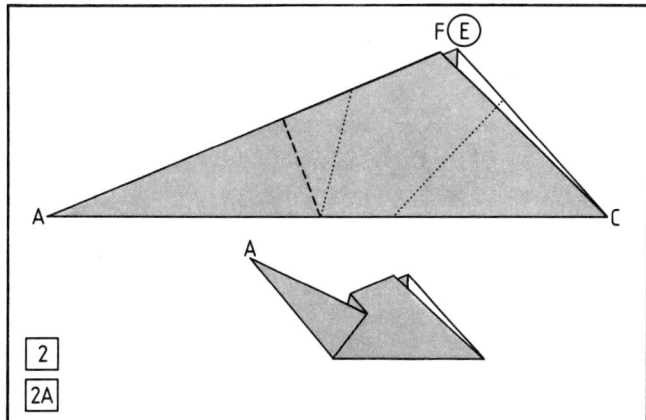

Figur in die gezeigte
Lage drehen. Bei Spitze
A durch Gegenbruch-
falte nach außen den
Kopf formen (Abb. 3).

Bei Spitze **A** durch
Gegenbruchfalten nach
innen und außen den
Schnabel bilden. Die
Ecken **G** und **H** vorn und
hinten ins Innere der
Arbeit falten (Abb. 4).

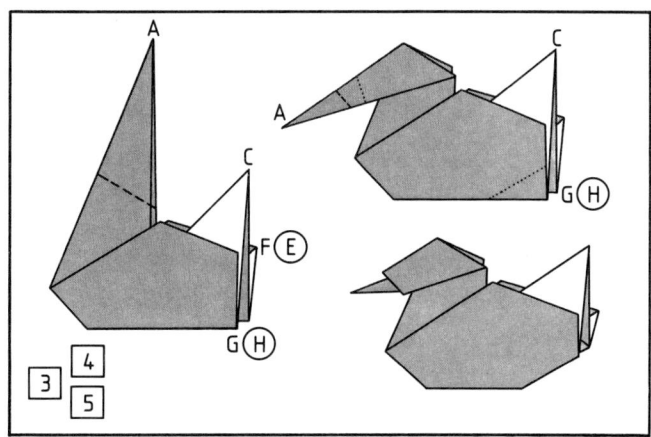

Mandarin-Ente

Ausgang:
Drachengrundform

Grundform wenden.
Ecke **C** durch eine Tal-
falte in der gestrichelten
Linie nach links falten
(Abb. 1).

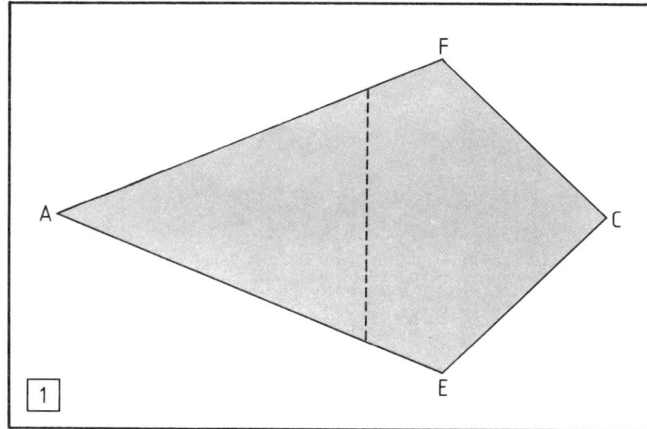

Ecke **C** durch eine Tal-
falte in der gestrichelten
Linie nach rechts bringen
(Abb. 2).

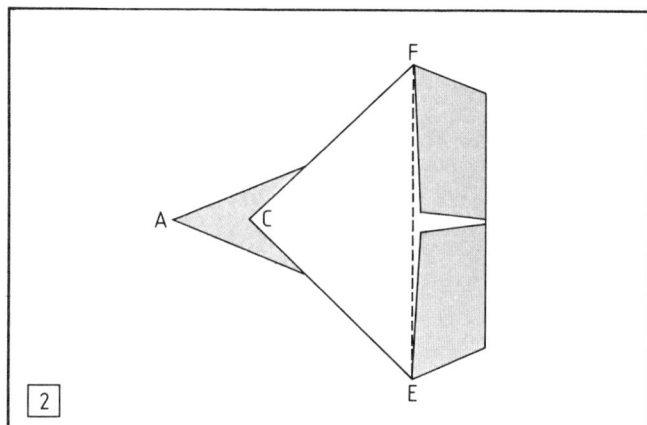

Bergfalte im Mittelbruch,
Spitze **F** hinter Spitze **E**
(Abb. 3).

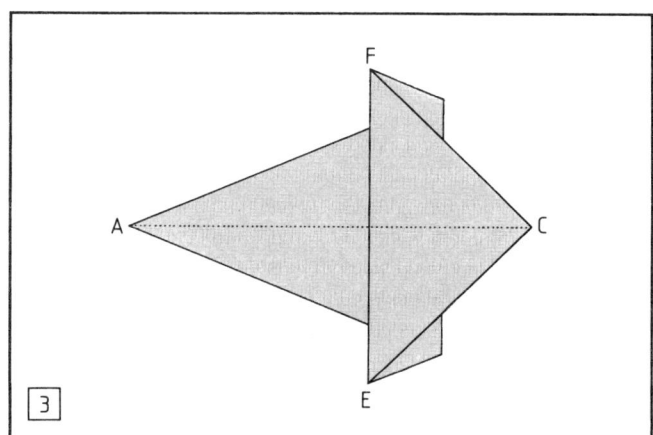

Bei Spitze **A** Gegen-
bruchfalte nach außen
(Abb. 4).

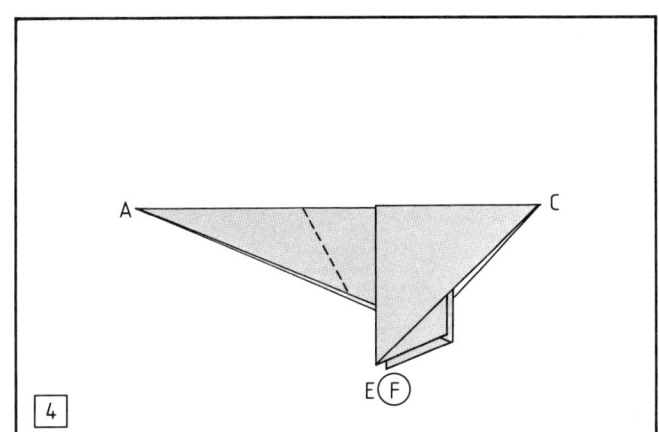

Bei Spitze **A** durch
Gegenbruchfalte nach
außen den Kopf formen.
Talfalten vorn und hinten
bei den Ecken **E** und **F**
(Abb. 5).

Bei Spitze **A** durch
Gegenbruchfalten nach
innen und außen den
Schnabel formen. Bei
Spitze **C** durch Gegen-
bruchfalten nach innen
und außen den Schwanz
bilden (Abb. 6).

Abb. 7 zeigt die fertige
Mandarin-Ente.

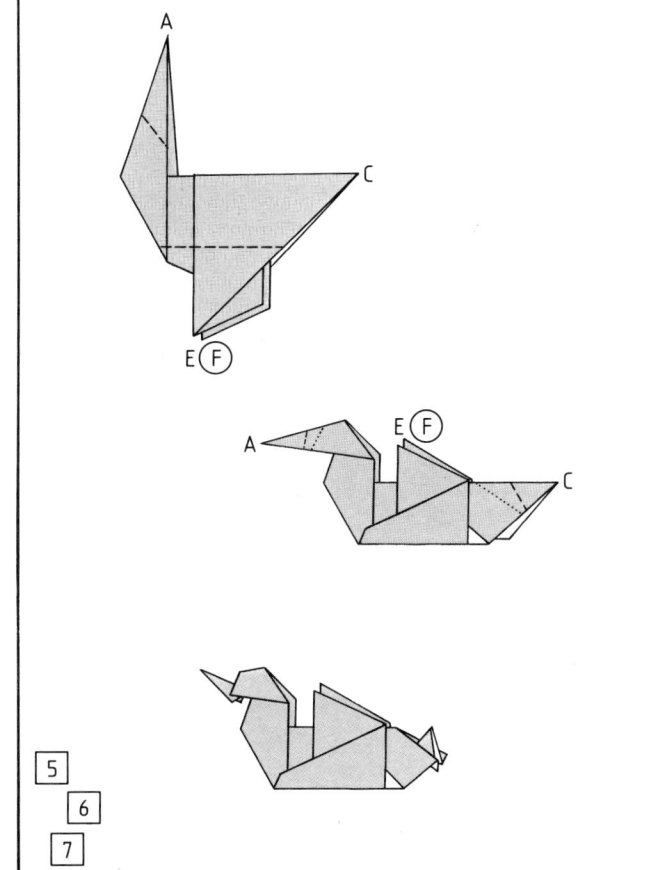

Kormoran

Ausgang:
Drachengrundform

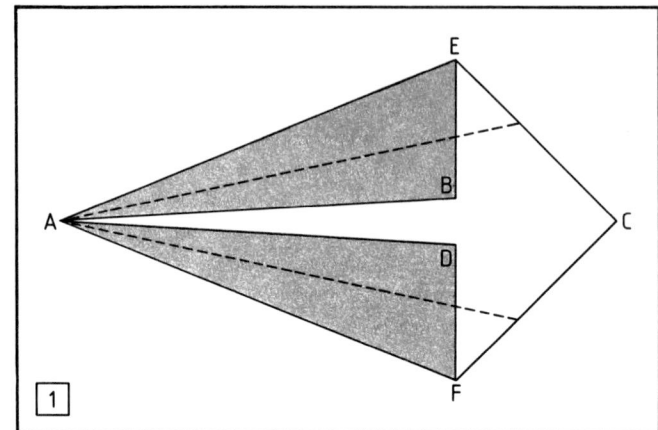

Durch Talfalten in den
Strichlinien die Kanten
A–E und **A–F** an den
Mittelbruch bringen
(Abb. 1).

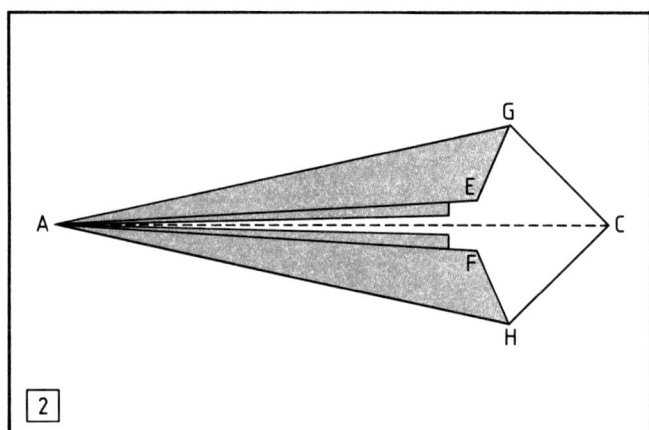

Talfalte im Mittelbruch
(Abb. 2).

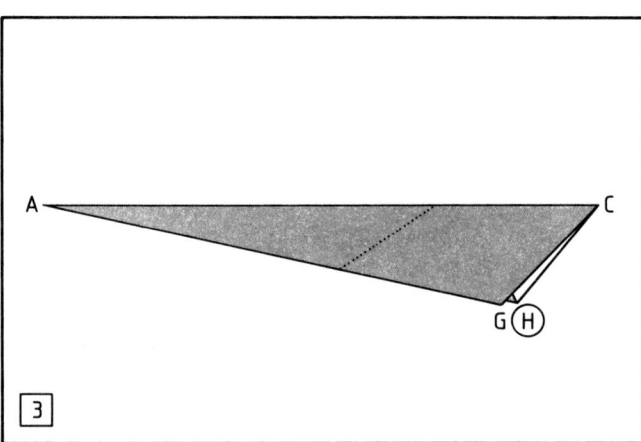

Bei Spitze **A** in der punktierten Linie Gegenbruch-
falte nach innen (Abb. 3).

24

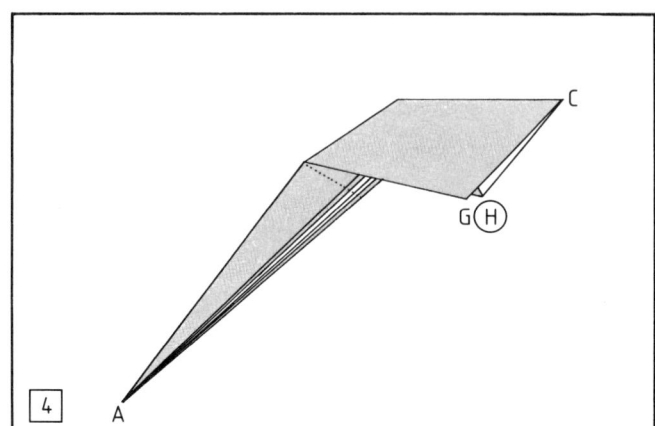

Bei Spitze **A** in der punktierten Linie Gegenbruchfalte nach innen (Abb. 4).

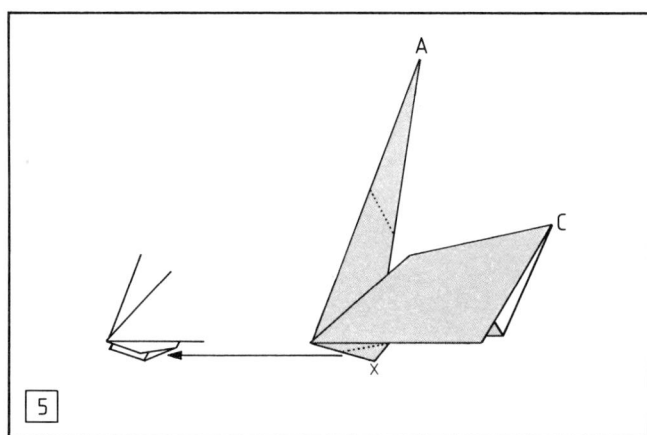

Bei Spitze **A** in der punktierten Linie Gegenbruchfalte nach innen. Ecke **X** durch Gegenbruchfalte nach innen ins Innere der Arbeit bringen (Abb. 5).

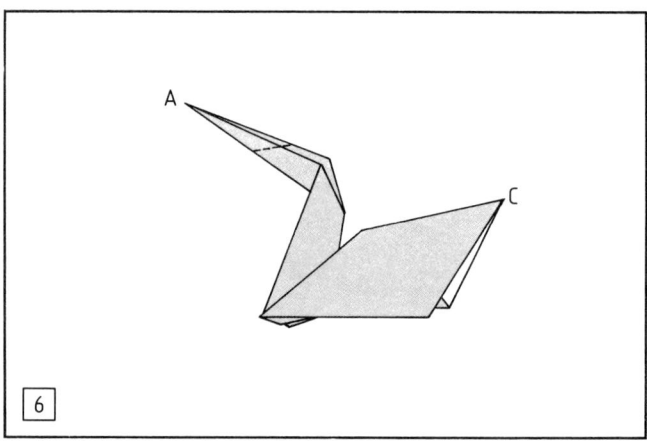

Bei Spitze **A** in der Strichlinie Gegenbruchfalte nach außen (Abb. 6).

Bei Spitze **A** durch Gegenbruchfalten nach innen und außen den Schnabel bilden. Bei Spitze **C** durch Gegenbruchfalten nach innen und außen den Schwanz formen (Abb. 7).

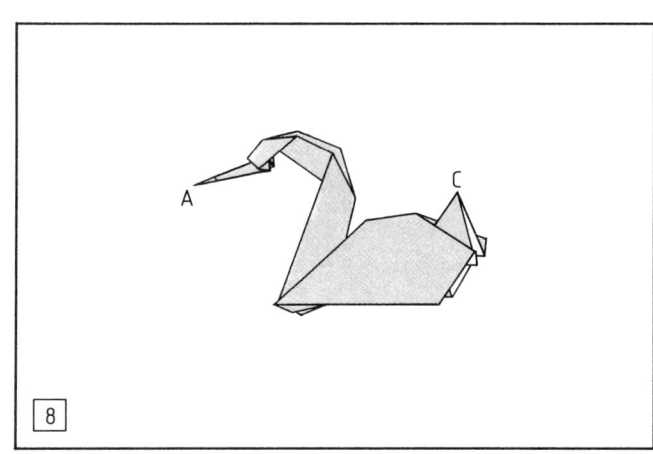

7

Bei Spitze **A** den Schnabel abknicken (Abb. 8).

8

Die fertige, vergrößerte Figur (Abb. 9).

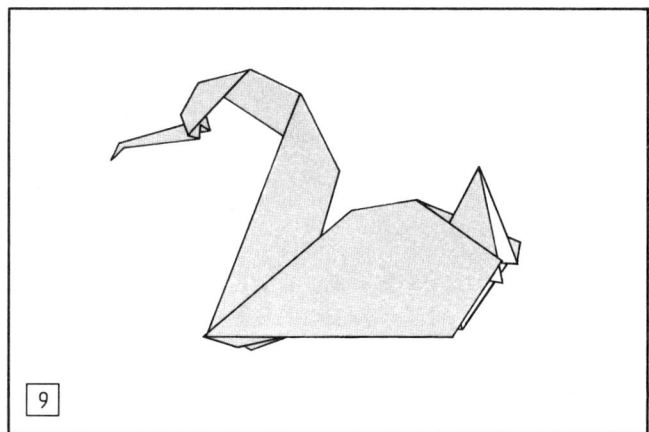

9

Fisch als Windsack

Ausgang:
Drachengrundform.
Faltblattgröße mindestens
50 x 50 cm.

Bei Ecke **C** Talfalten in
den gestrichelten Linien
(Abb. 1).

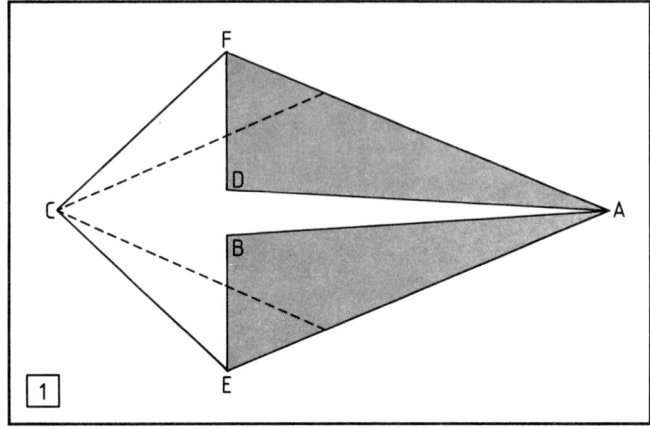

Talfalte in der gestrichelten Linie, Spitze **C** auf
Spitze **A** (Abb. 2).

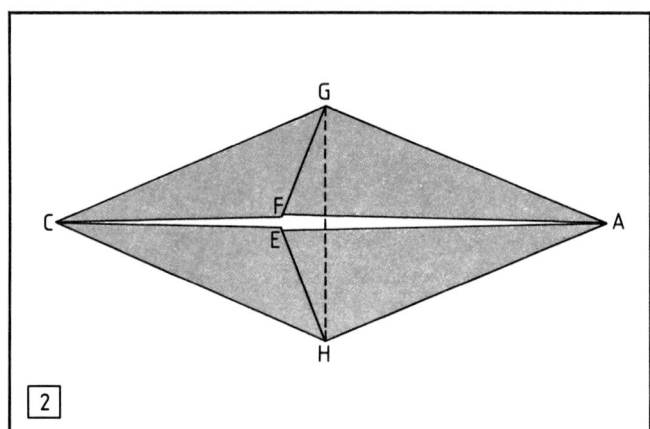

Talfalten in den ge-
strichelten Linien, dann
Ecke **H** in Ecke **G**
stecken (Abb. 3).

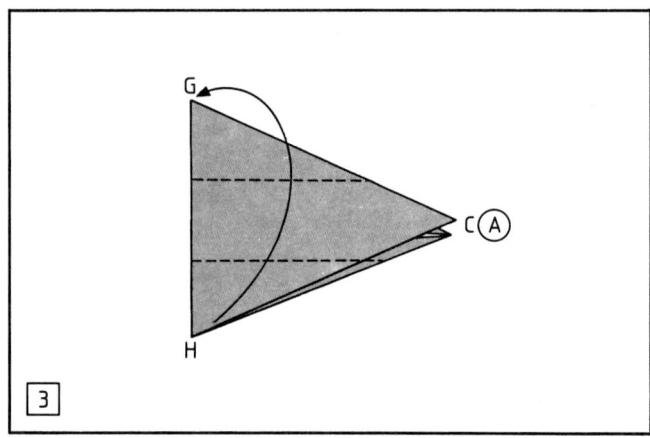

Die entstandene Figur
zur Röhre formen und in
die in Abb. 5 gezeigte
Lage drehen (Abb. 4).

Gegenbruchfalten nach
innen und außen bei
Spitze **A/C** (gemeinsam
falten) (Abb. 5).

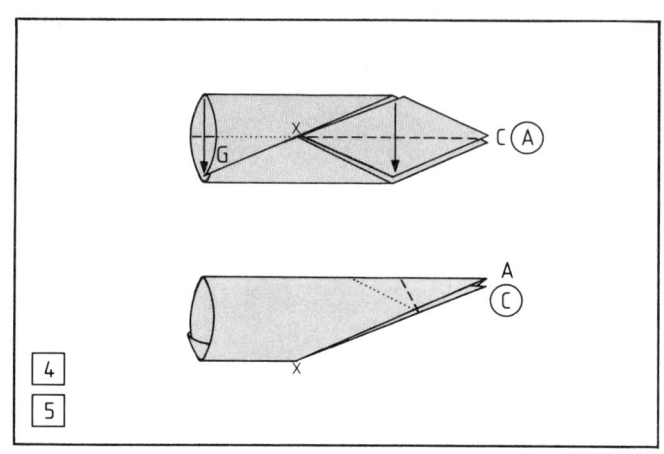

Gegenbruchfalte nach
innen bei Spitze **A/C**.
Durch Berg- und Talfal-
ten vorn und hinten bei
der runden Öffnung das
Maul falten (Abb. 6).

Spitze **A** zur Flosse nach
oben falten. Die Maulfal-
ten durch Umschlagen
der innenliegenden
Ecken festigen (Abb. 7).

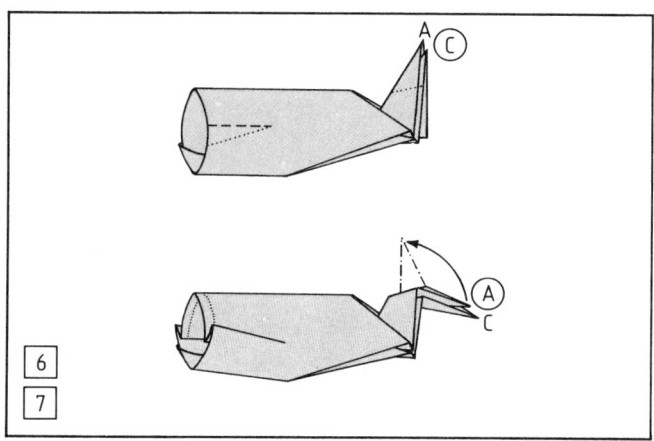

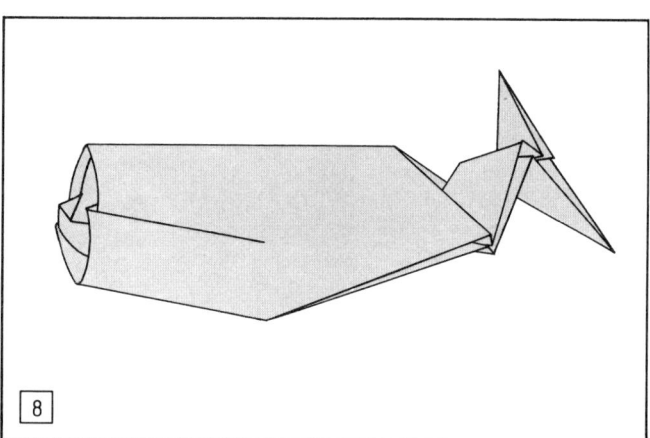

Das fertige Modell
(Abb. 8).

Kaninchen

Ausgang:
Drachengrundform

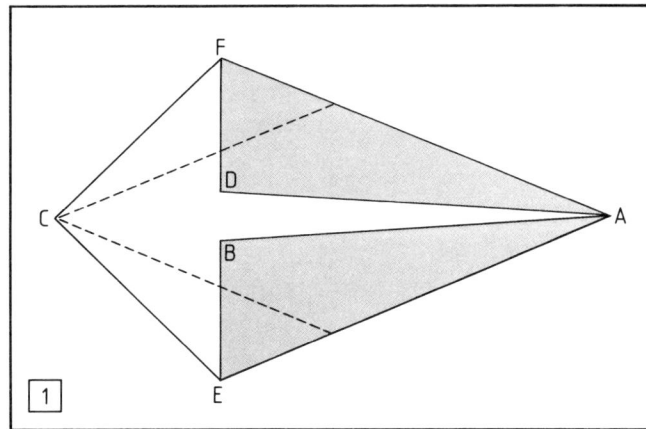

Bei Ecke **C** Talfalten in
den gestrichelten Linien
(Abb. 1).

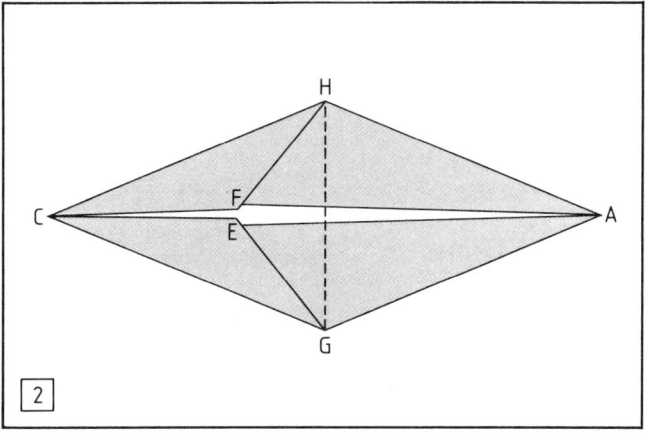

Durch Talfalten in den
gestrichelten Linien die
innenliegenden Ecken **B**
und **D** nach rechts herausfalten, wie Abb. 3
zeigt (Abb. 2).

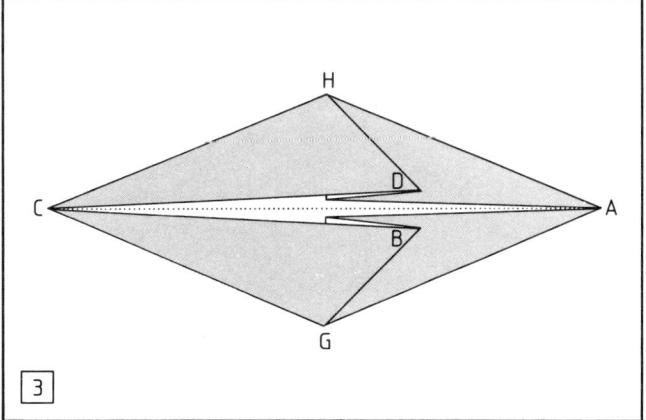

Bergfalte im Mittelbruch,
Ecke **H** nach unten hinter
Ecke **G** (Abb. 3).

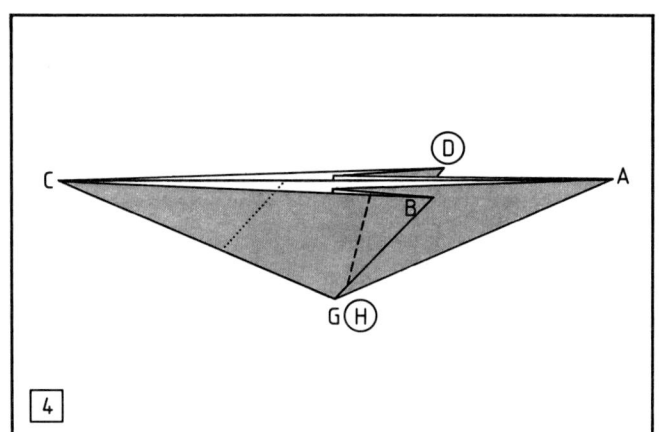

Bei den Spitzen **B** und **D** Talfalten. Bei Spitze **C** Gegenbruchfalte nach innen in der punktierten Linie (Abb. 4).

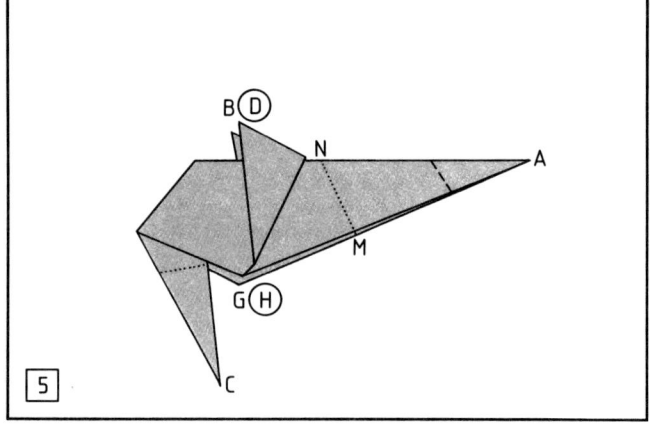

Bei Spitze **C** Gegenbruchfalte nach innen. Bei Spitze **A** Gegenbruchfalte nach innen in der punktierten und anschließend Gegenbruchfalte nach außen in der gestrichelten Linie (Abb. 5).

Bei Spitze **C** durch eine Gegenbruchfalte nach innen den Schwanz kürzen. Bei Spitze **A** durch eine Gegenbruchfalte nach innen die Füße formen. Die Ecken **I** und **J** nach innen falten. Die Ecken **K** vorn und hinten bei den Ohren nach innen falten. Die Ecken **M** vorn und hinten nach innen falten. Die Ecke **N** leicht nach innen drücken (Abb. 6).

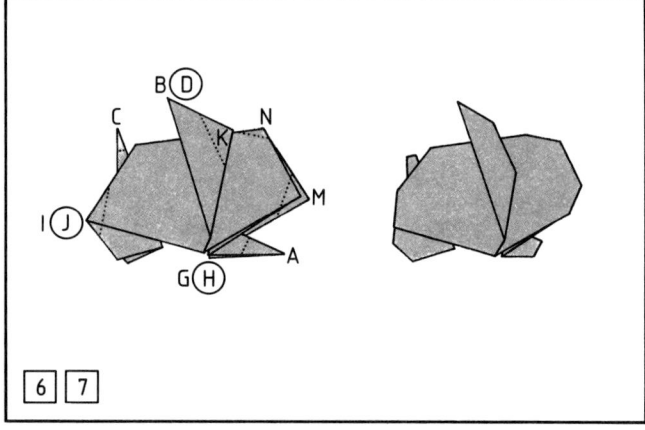

Languste

Ausgang:
Drachengrundform

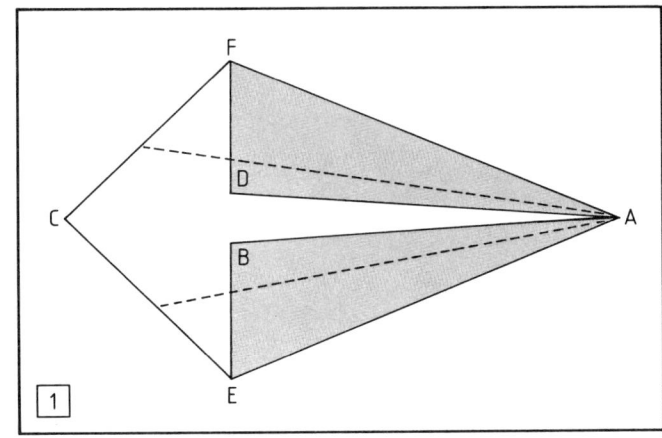

Bei Spitze **A** Talfalten in
den gestrichelten Linien.
Figur drehen (Abb. 1).

Bei Spitze **C** Talfalten in
den gestrichelten Linien
(Abb. 2).

Bei Spitze **C** Talfalte in
der gestrichelten und
Bergfalte in der punktierten Linie (Abb. 3).

Bei Spitze **C** den schraffierten Teil herausschnei-
den. Von Spitze **A** her
die vordere Papierlage in
den rechts und links vom
Mittelbruch eingezeich-
neten Linien einschneiden
und die entstandenen
Streifen durch den Ein-
schnitt bei Spitze **C**
stecken (Abb. 4).

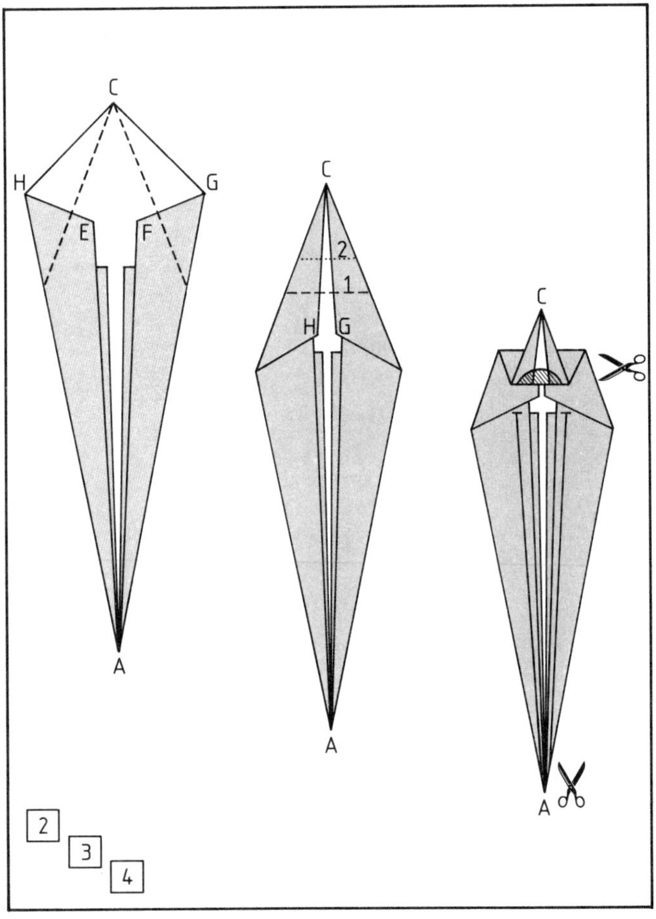

34

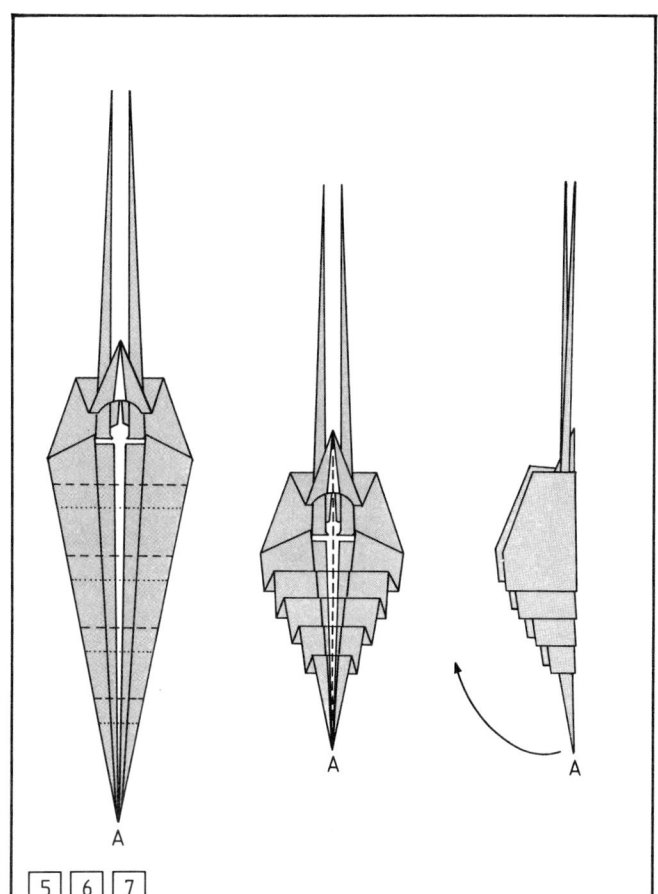

Spitze **A** durch Berg- und Talfalten ziehharmonika-förmig falten (Abb. 5).

Talfalte im Mittelbruch (Abb. 6).

Spitze **A** vorsichtig zur in Abb. 8 gezeigten Lage herausziehen und dann alle Ziehharmonikafalten neu einstreichen (Abb. 7).

5 6 7

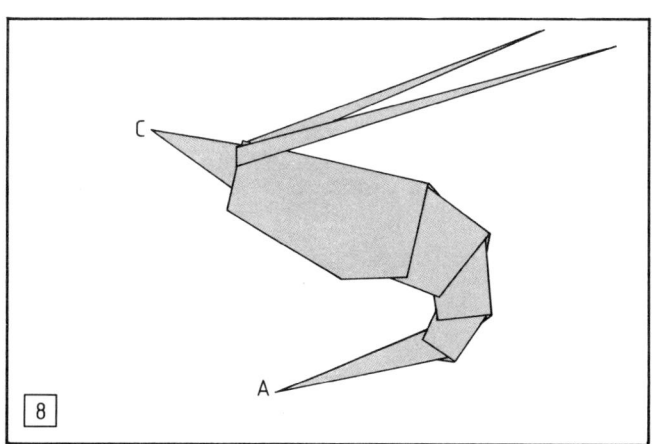

8

Das fertige Modell (Abb. 8).

Elefant

Ausgang:
Drachengrundform

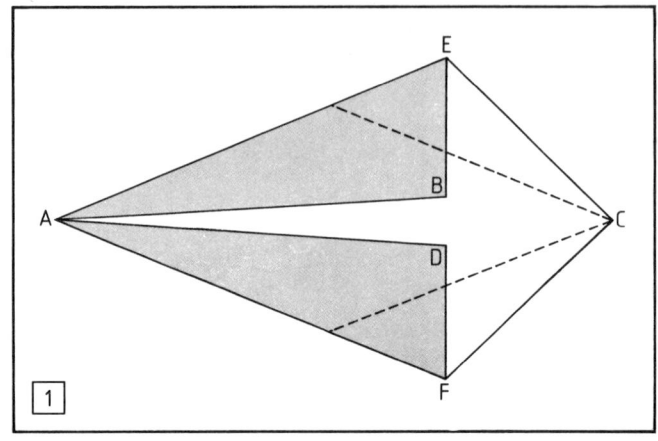

Bei Spitze **C** Talfalten in
den gestrichelten Linien
(Abb. 1).

Bei Spitze **A** Bergfalte in
der punktierten Linie und
Talfalte in der gestrichelten Linie (Abb. 2).

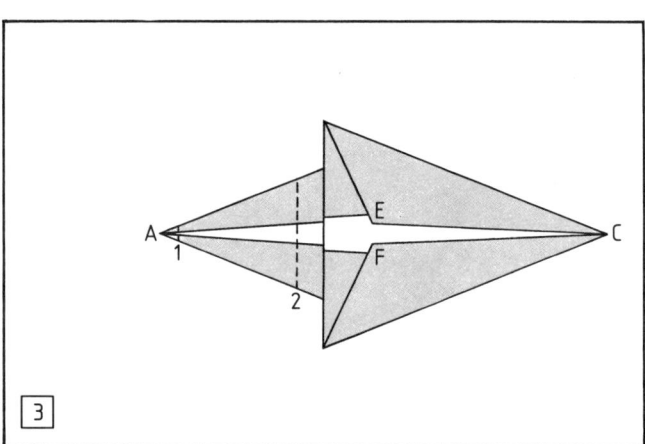

Bei Spitze **A** Talfalten in
den gestrichelten Linien
in der angegebenen
Reihenfolge (Abb. 3).

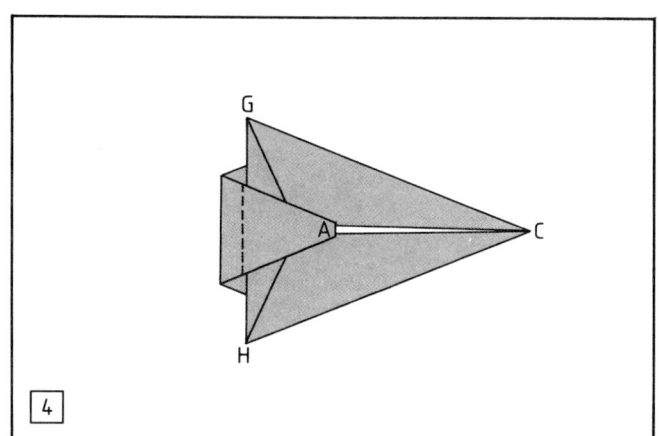

Bei Spitze **A** Talfalte in der gestrichelten Linie (Abb. 4).

|4|

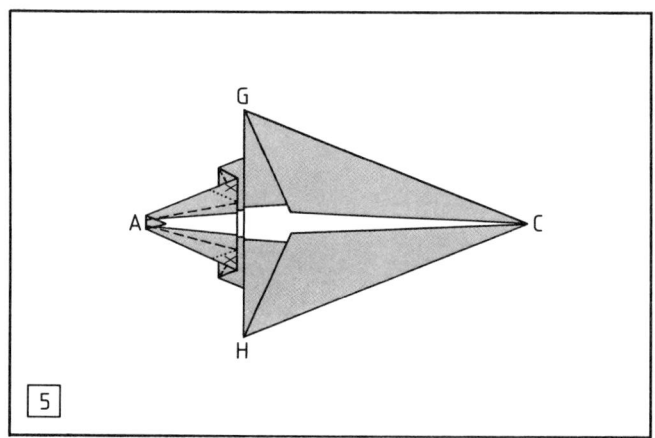

Bei Spitze **A** Talfalten in den gestrichelten Linien. Durch Bergfalten in den punktierten Linien fallen die Punkte **X** in die in Abbildung 6 gezeigte Position, und es bilden sich kleine dreieckige Tüten (Abb. 5).

|5|

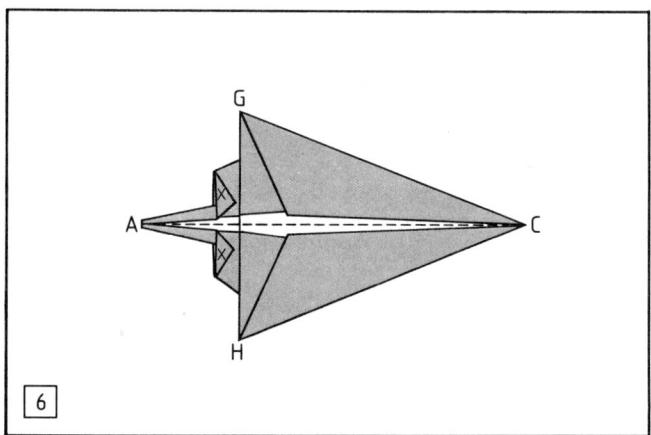

Talfalte im Mittelbruch, Spitze **G** auf Spitze **H** (Abb. 6).

|6|

38

Die Brüche **G–I** und **H–J**
(Vorderkante der Vorder-
füße) wie aus Abbildung
8 ersichtlich verändern.
Ecke **K** schiebt sich
dadurch automatisch
nach oben (Abb. 7).

Bei Ecke **K** Gegenbruchfalte nach innen. Bei
Spitze **C** Gegenbruch-
falte nach innen (Abb. 8).

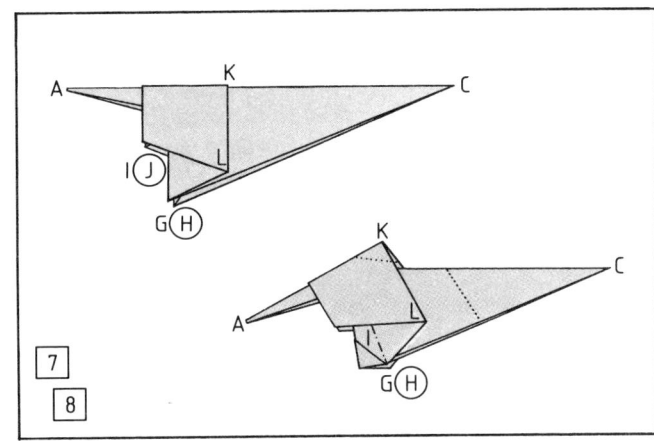

Bei Spitze **C** Gegen-
bruchfalte nach innen.
Die Spitze **A**, der Rüssel,
ist beweglich und kann
in eine beliebige Position
gebracht werden
(Abb. 9).

Bei Ecke **L** vorn und hinten Gegenbruchfalten
nach innen, so daß die
Ecke unter dem Ohr liegt.
Den Schwanz durch Ein-
drehen formen (Abb. 10).

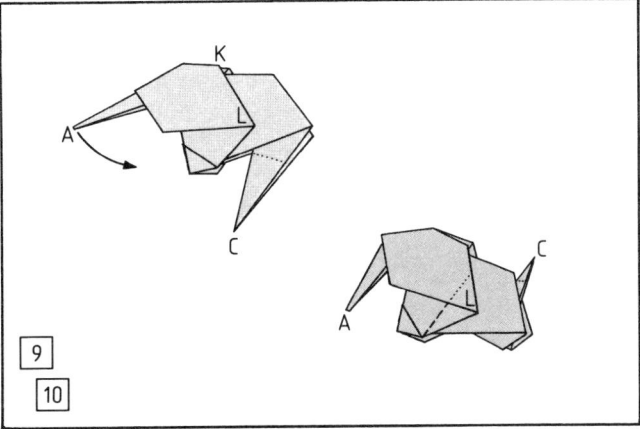

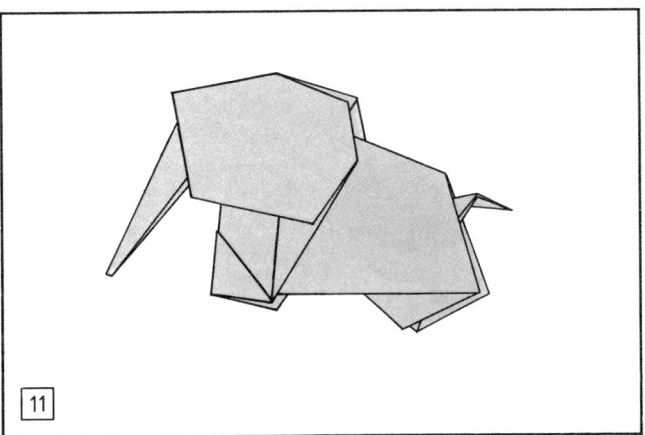

Der vergrößert darge-
stellte fertige Elefant
(Abb. 11).

Affe

Ausgang:
Drachengrundform

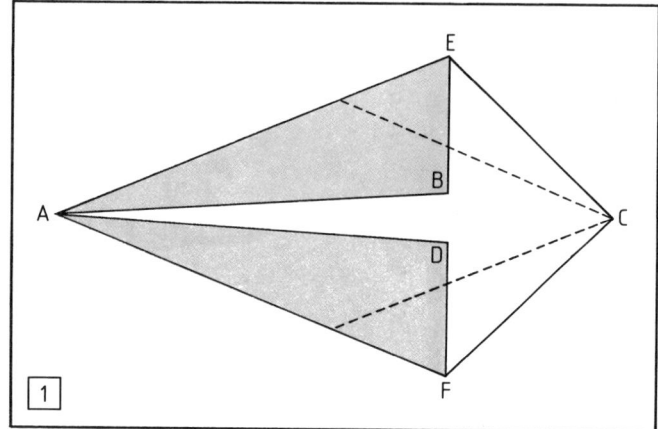

Bei Spitze **C** Talfalten in
den gestrichelten Linien
(Abb. 1).

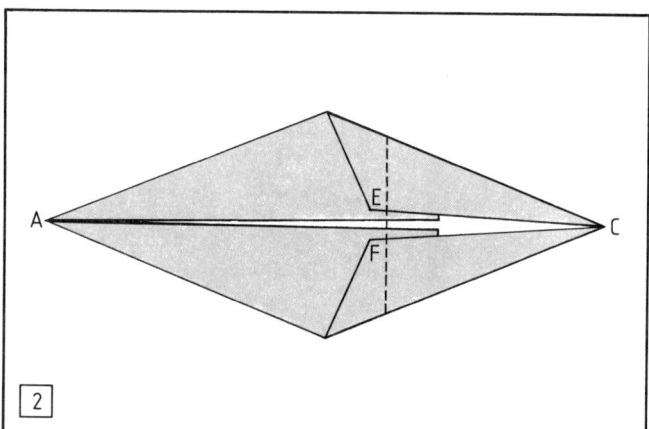

Talfalte in der gestrichelten Linie, Spitze **C** nach
links (Abb. 2).

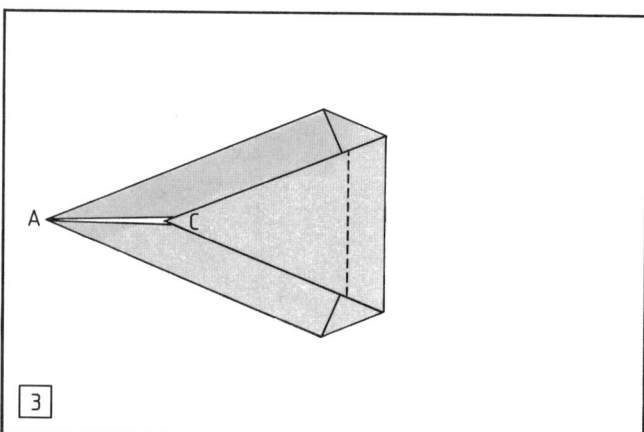

Talfalte in der gestrichelten Linie, Spitze **C** nach
rechts (Abb. 3).

Bei Spitze **C** durch Talfalten in den gestrichelten und Bergfalten in den punktierten Linien die Punkte **X** in die in Abb. 5 gezeigte Position bringen (Abb. 4).

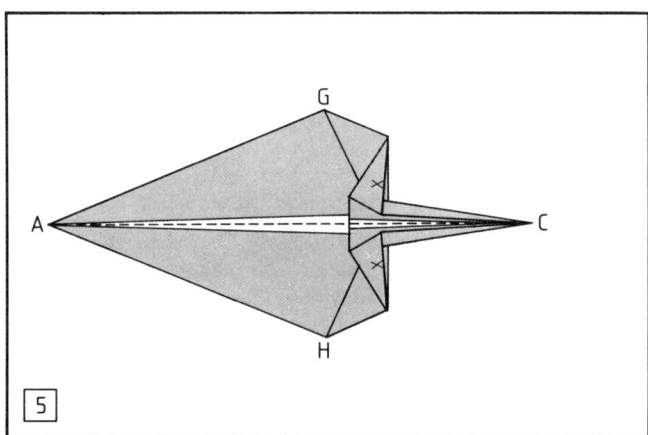

Talfalte im Mittelbruch (Abb. 5).

Talfalte in der gestrichelten Linie, und zwar nur in der vorderen Papierlage. Gleichzeitig Spitze **A** in die in Abbildung 7 gezeigte Lage ziehen. In der punktierten Linie die sich bildende Bergfalte einstreichen (Abb. 6).

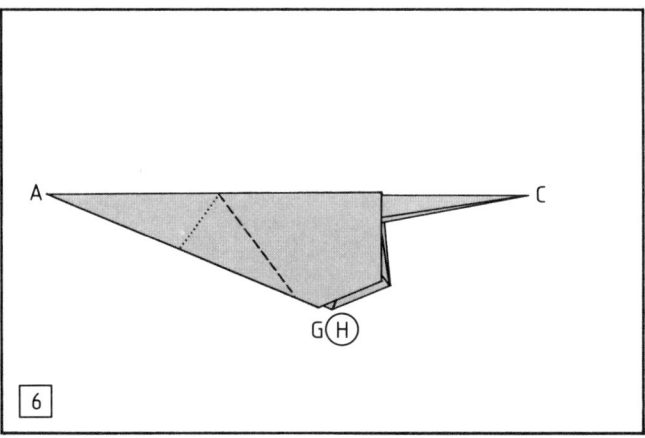

42

Durch Berg- und Talfalten bei Spitze **A** den Kopf formen.
Bei Spitze **C** Gegenbruchfalte nach außen (Abb. 7).

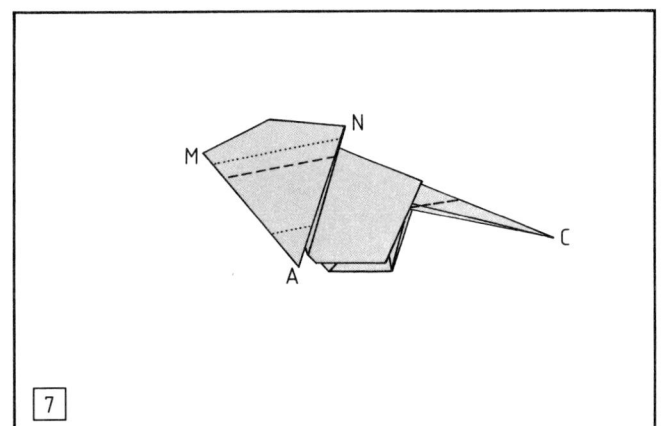

Bei den Ecken **M** und **N** durch Gegenbruchfalten nach innen und außen die Ohren formen.
Bei Spitze **C** Gegenbruchfalte nach außen (Abb. 8).

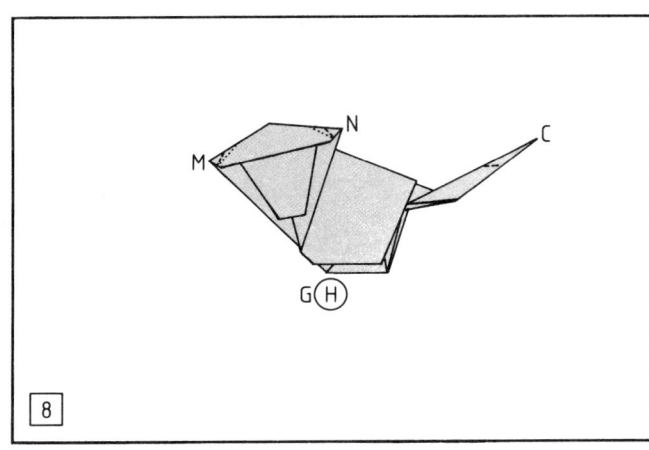

Die fertige Figur, vergrößert (Abb. 9).

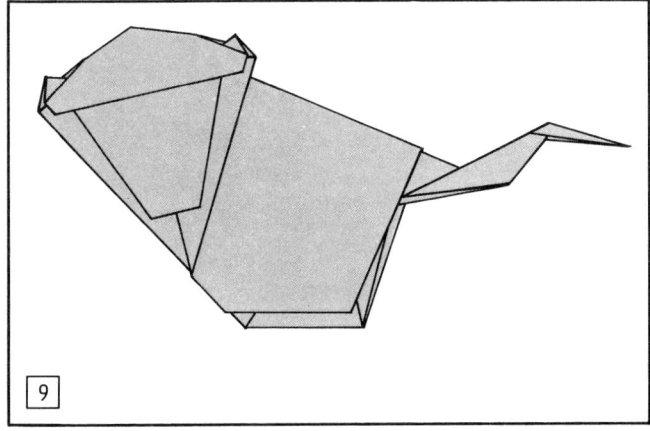

43

Eule

Ausgang:
Drachengrundform

Spitze **A** vor dem Falten
der Grundform auf das
Faltblatt falten, so daß
sie innen liegt, wie die
Abbildung zeigt. Talfalten
in den gestrichelten
Linien bei den Ecken **B**
und **D** (Abb. 1).

Bei Ecke **C** Talfalte in
der gestrichelten Linie
(Abb. 2).

Bei Ecke **C** durch Berg-
und Talfalte den
Schnabel bilden und bei
den Ecken **E** und **F** die
Ohren (Abb. 3).

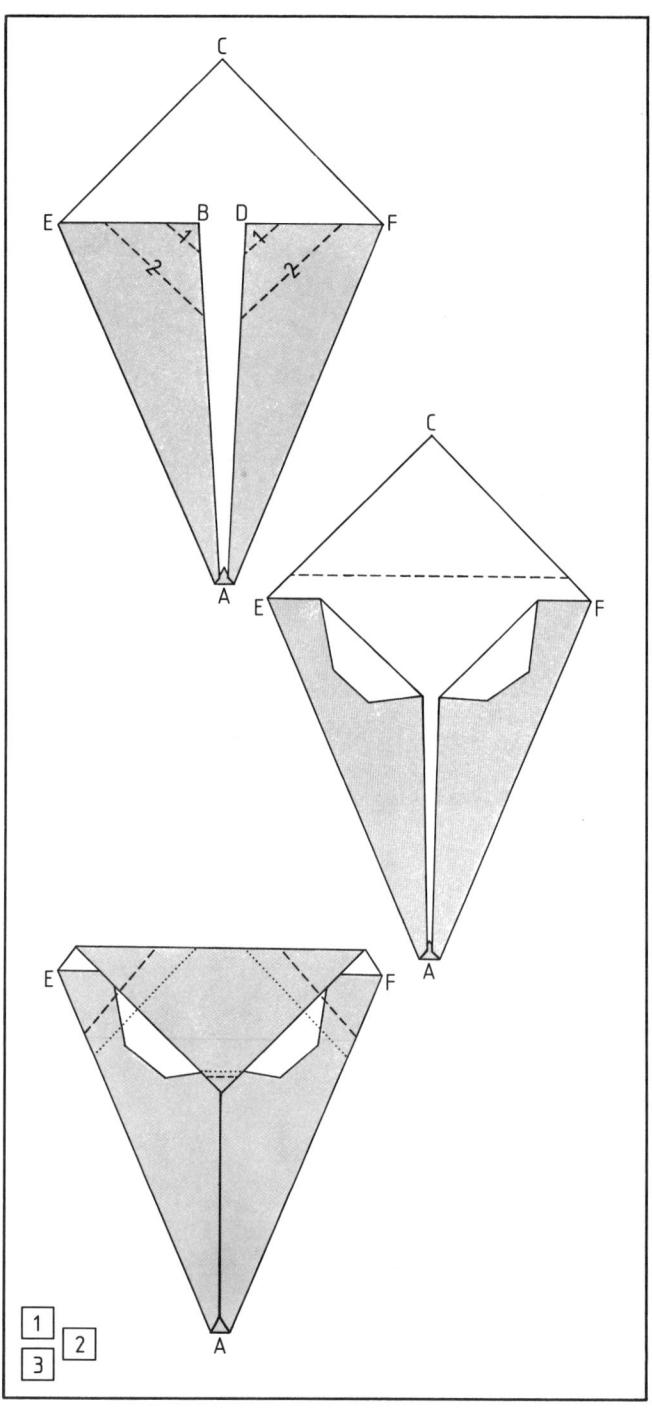

Bergfalte in der punktierten Linie oben. Durch Berg- und Talfalte unter dem Schnabel den Kopf bilden (Abb. 4).

Bergfalten bei den Ecken **G** und **H**.
Bei Spitze **A** durch Berg- und Talfalte den Schwanz formen (Abb. 5).

Bei den Ecken **I** und **J** durch Berg- und Talfalten die Füße formen.
Bei den Ecken **E** und **F** die äußeren Kanten ins Innere der Ohren stecken (Abb. 6).

Die fertige Eule (Abb. 7).

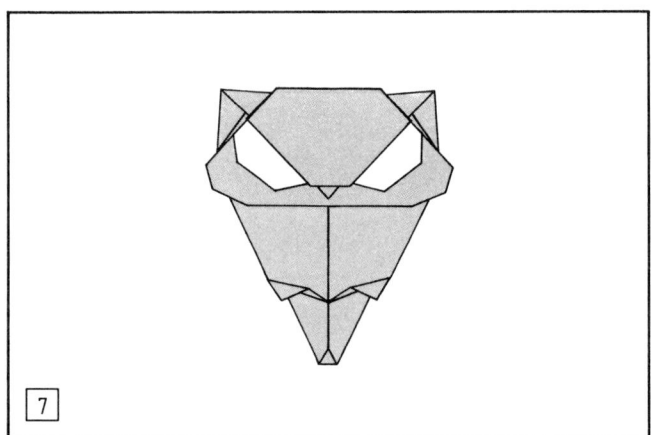

46

Baum

Ausgang:
Drachengrundform. (Zu
den Größenverhältnissen
siehe Abb. 7, Seite 48)

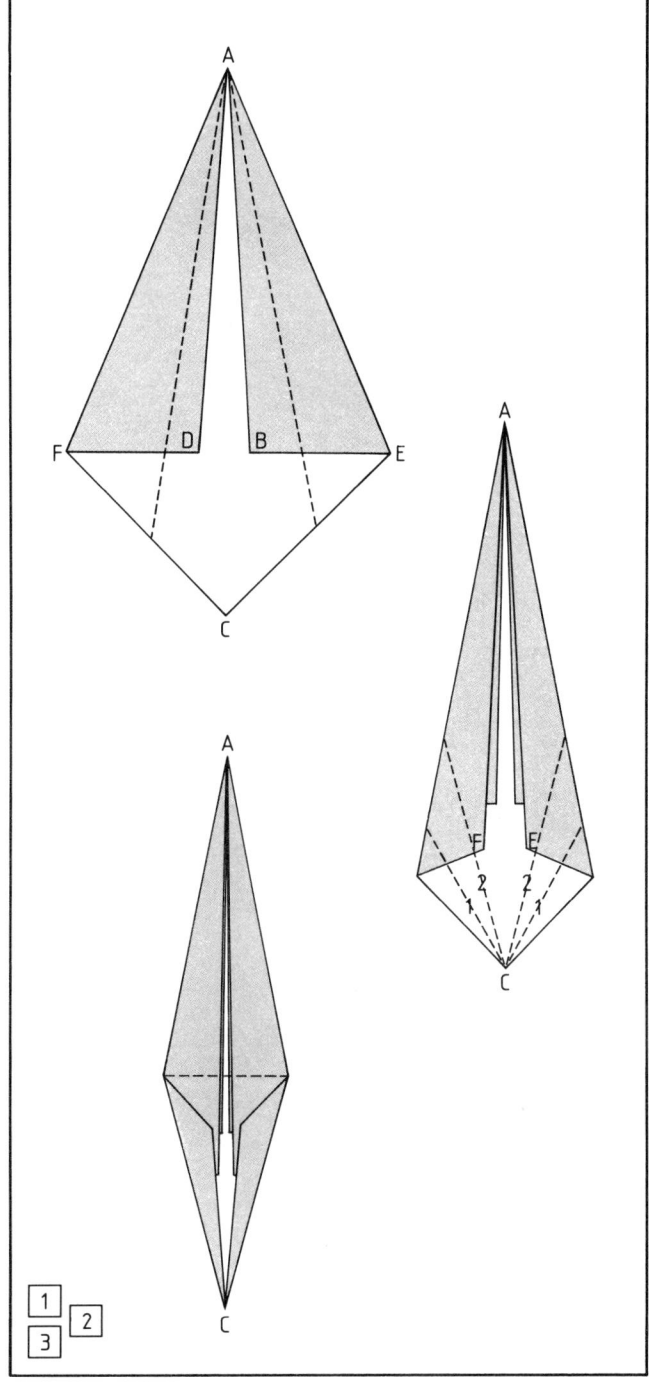

Bei Spitze **A** Talfalten in
den gestrichelten Linien
(Abb. 1).

Bei Spitze **C** Talfalten in
den gestrichelten Linien 1
und 2 (Abb. 2).

Spitze **C** in der gestrichelten Linie auf die
Arbeit falten (Abb. 3).

Talfalte im Mittelbruch
(Abb. 4).

Die innenliegende Spitze
C durch eine Gegen-
bruchfalte nach innen
seitwärts herausfalten
(Abb. 5).

Das fertige Modell
(Abb. 6).

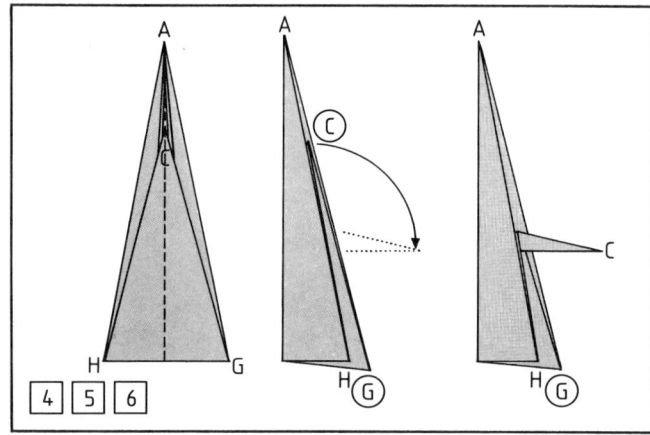

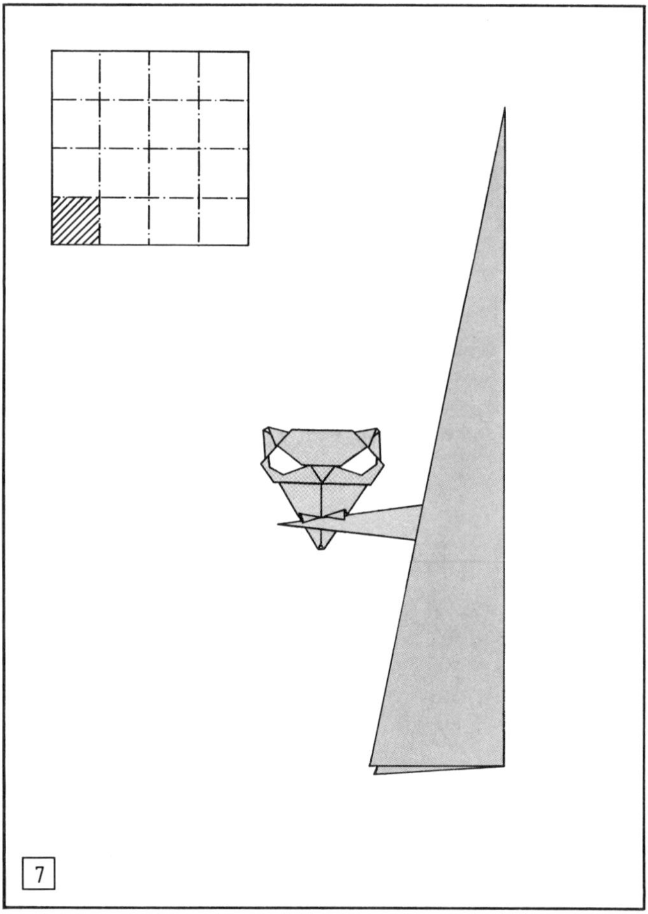

Das Faltblatt für die Eule
(S. 44) hat nur $1/4$ der
Seitenlänge des Falt-
blatts für den Baum
(Abb. 7).

48

Blüte I

oder Faltbrief

Ausgang:
Kaninchen S. 31, Abb. 2.

Bei Spitze **D** durch die
eingezeichneten Berg-
und Talfalten eine
drachenförmige Tüte
bilden (Abb. 1).

Talfalte bei Spitze **D**.
Spitze **B** wie Spitze **D**
falten (Abb. 2).

Bei Spitze **A** und **C** Talfalten in den gestrichel-
ten Linien (Abb. 3).

Durch Berg- und Tal-
falten die Spitzen **A** und
C in die in Abbildung 5
gezeigte Lage bringen
(Abb. 4).

Durch Berg- und Talfal-
ten in den eingezeichne-
ten Linien die Spitzen
A und **C** flach auf die
Mitte der Arbeit bringen
(Abb. 5).

Bergfalte in der punktierten Linie bei Spitze **A**.
Bei Spitze **C** wiederho-
len. Die Spitzen **A** und **C**
unter die Spitzen **B** und
D stecken (Abb. 6).

Das fertige Modell
(Abb. 7) ist eine schöne
Blüte, aber auch eine
besonders hübsche
Brieffaltung.

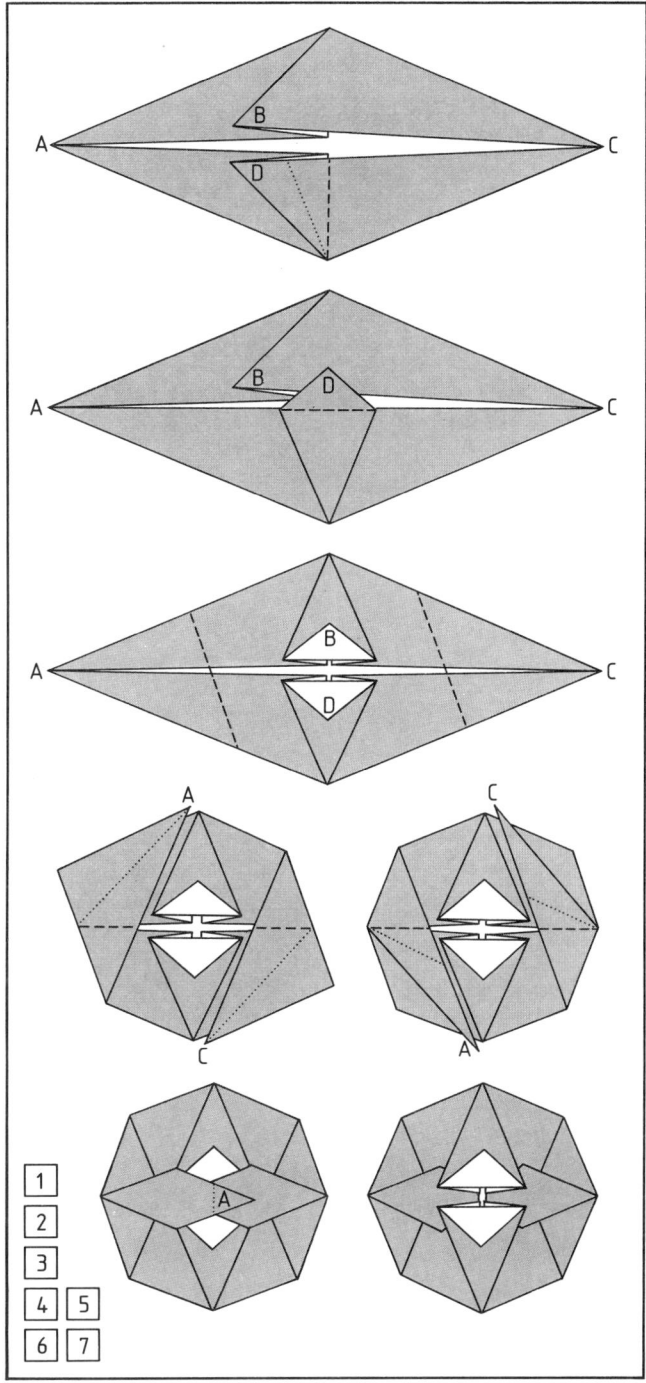

Blüte II

oder Faltbrief

Ausgang:
Drachengrundform

Die Drachengrundform
von allen vier Ecken des
Faltblatts aus falten und
wieder öffnen. Kante **A–B**
im vorhandenen Bruch an
den Mittelbruch falten,
dann Kante **A–D** im vorhandenen Bruch an den
Mittelbruch falten (Abb. 1).

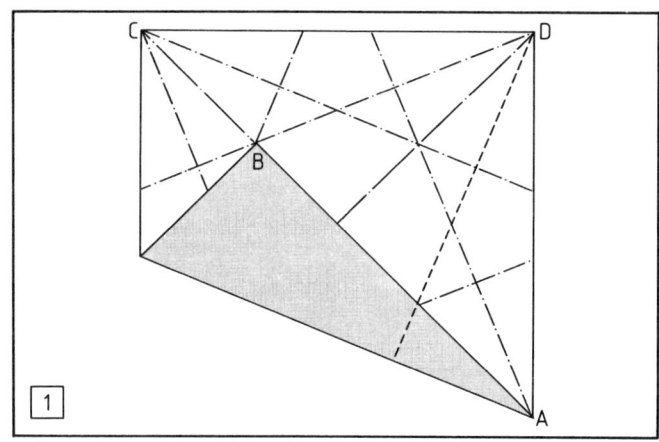

Durch eine Talfalte in der
gestrichelten und Berg-
falte in der punktierten
Linie fällt **X** auf den in
Abbildung 3 gezeigten
Punkt (Abb. 2).

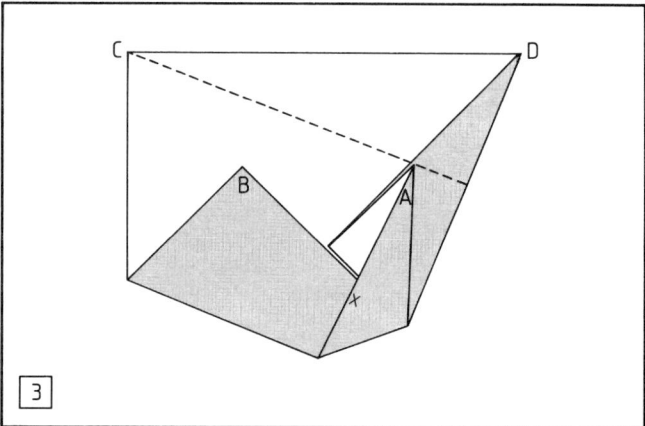

Kante **C–D** im vorhandenen Bruch an den Mittel-
bruch falten (Abb. 3).

Durch eine Talfalte in der gestrichelten und eine Bergfalte in der punktierten Linie fällt **X** auf den in Abbildung 5 gezeigten Punkt (Abb. 4).

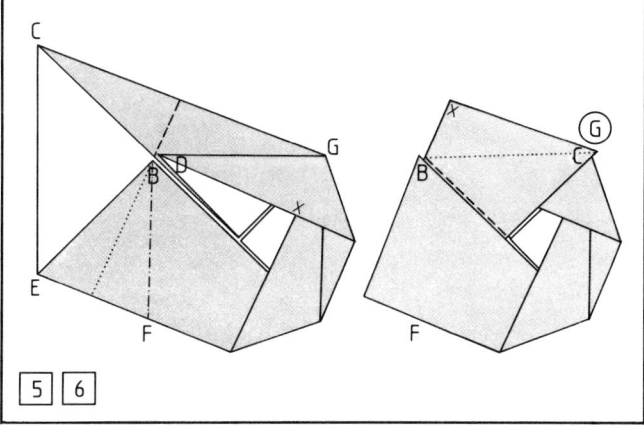

In der punktierten Linie Kante **B–E** nach innen unter Bruch **B–F** falten. Gleichzeitig Spitze **C** auf Ecke **G** falten (Abb. 5).

Durch eine Talfalte in der gestrichelten und Bergfalte in der punktierten Linie fällt **X** auf den in Abbildung 7 gezeigten Punkt (Abb. 6).

Durch eine Talfalte in der gestrichelten und eine Bergfalte in der punktierten Linie fällt **X** auf den in Abbildung 8 gezeigten Punkt. Spitze **B** unter Spitze **A** stecken (Abb. 7).

Die fertige Blüte (Abb. 8) eignet sich auch sehr gut als Faltbrief.

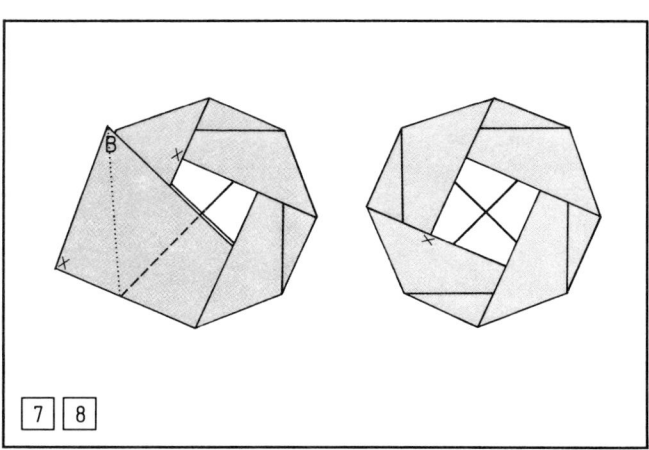

Blütenstiel

Ausgang:
Drachengrundform

Bei Spitze **A** Talfalten in
den gestrichelten Linien
(Abb. 1).

Bei Spitze **C** Talfalten in
den gestrichelten Linien
(Abb. 2).

Spitze **C** durch eine Tal-
falte in der gestrichelten
Linie auf die Arbeit falten
(Abb. 3).

Bergfalte im Mittelbruch
(Abb. 4).

Spitze **C** – das Blatt –
leicht seitwärts ziehen
und die dadurch ver-
änderten unteren Brüche
neu einstreichen (Abb. 5).

Blüte I oder Blüte II an
den Stiel kleben
(Abb. 6).

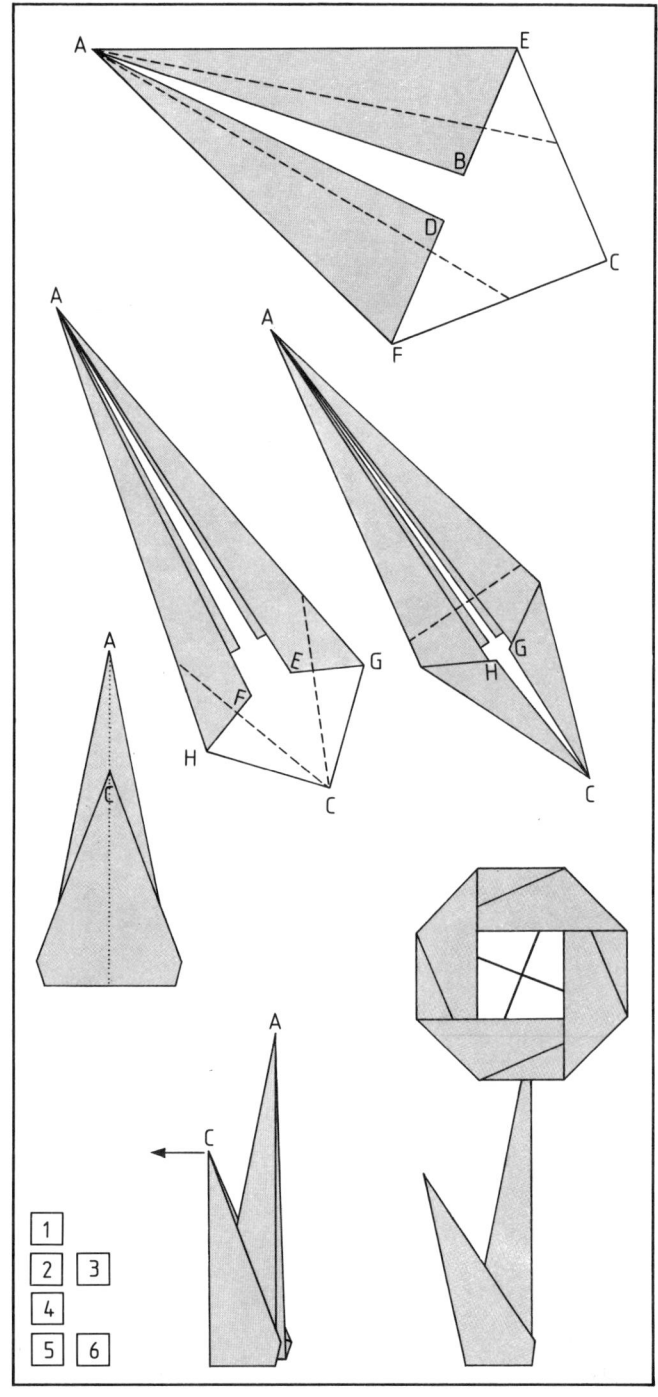

52

Katze

Ausgang:
Drachengrundform

Kombination von zwei aus
der Drachengrundform
entwickelten Faltteilen.
Das Faltblatt für den
Kopf ist etwa halb so
groß wie das Faltblatt für
den Körper.

Kopf

Talfalten bei den Ecken
C, B und **D** (Abb. 1).

Talfalten in Linie 1 bei
Ecke **B** und **D** und Linie 2
bei Ecke **C** (Abb. 2).

Talfalte bei Spitze **A**.
Spitze **A** unter Spitze **C**
stecken. Bei Spitze **E** und
F Bergfalten in den punktierten und Talfalten in
den gestrichelten Linien
(Abb. 3).

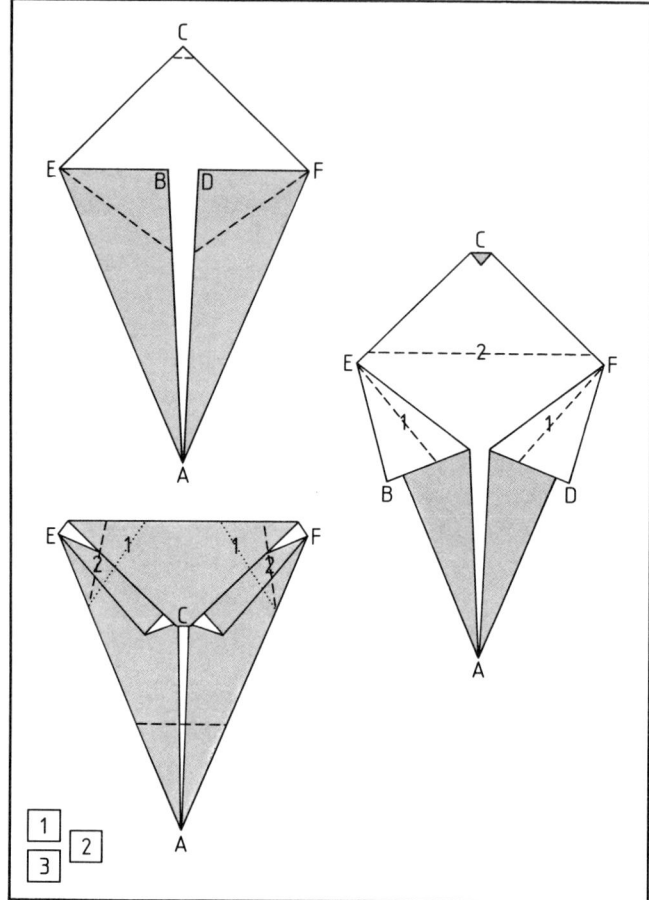

Bergfalte in der punktierten Linie oben. Berg- und
Talfalte in den Linien 1
und 2 (Abb. 4).
Fertiger Kopf (Abb. 5).

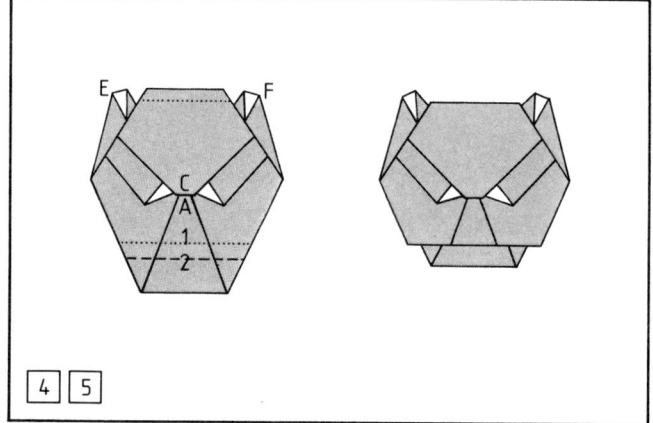

Körper

Talfalte im Mittelbruch
(Abb. 1).

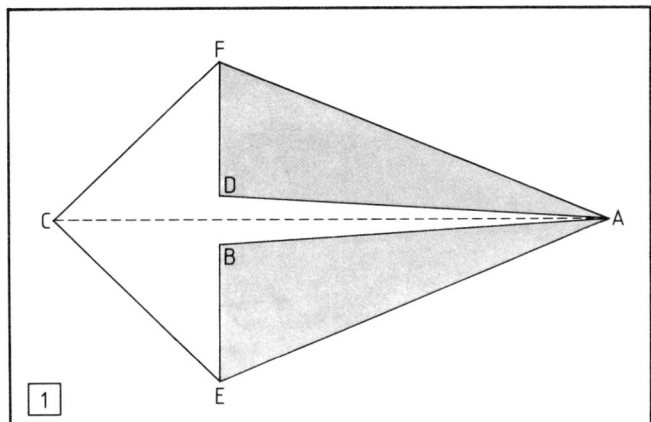

Bei Spitze **A** Gegen-
bruchfalten nach innen
und außen (Abb. 2).

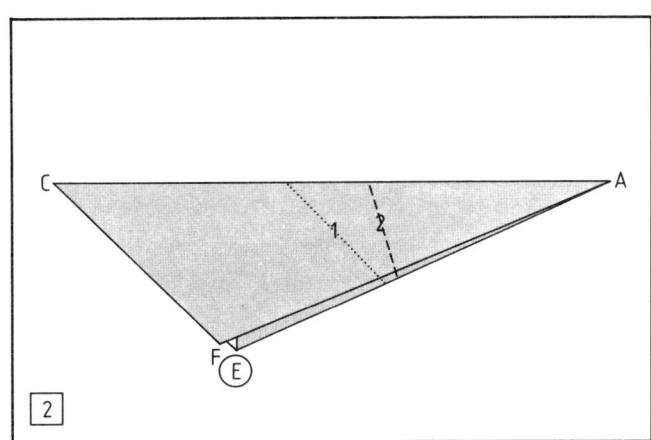

Durch Talfalte in der
gestrichelten Linie **A–F**
Ecke **G** nach oben
bringen (Abb. 3).

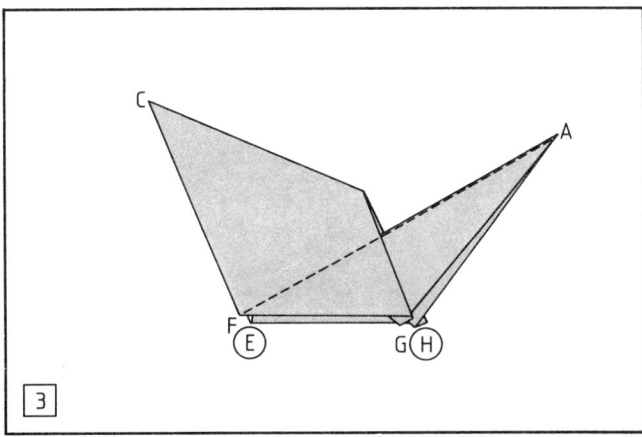

Bei Spitze **A** Talfalten. Durch Bergfalten in den punktierten Linien fallen **G** und **H** auf die in Abbildung 5 gezeigten Punkte (Abb. 4).

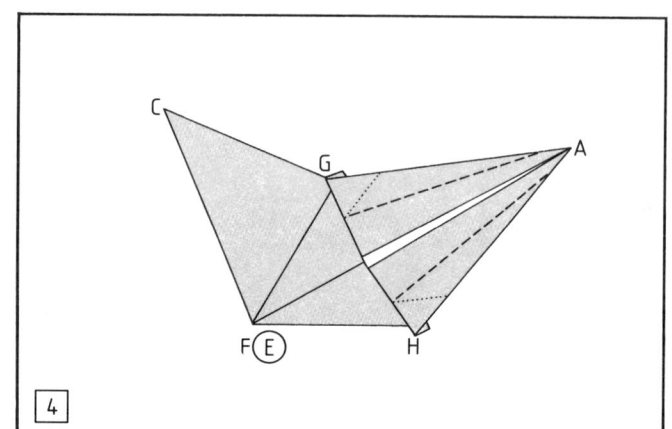

4

Talfalte im Mittelbruch des Schwanzes, **J** auf **K** (Abb. 5).

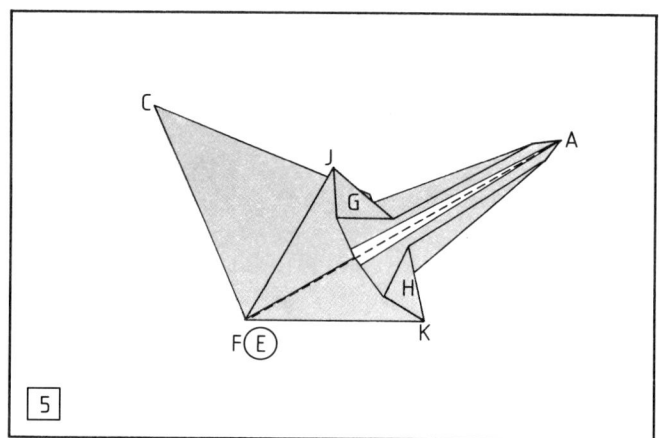

5

Bei Spitze **C** Gegenbruchfalte nach innen und außen (Abb. 6).

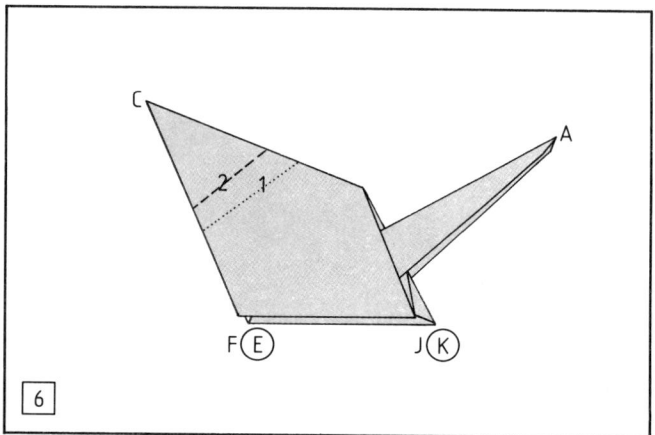

6

56

Bei Spitze **C** vorn
und hinten Bergfalten
(Abb. 7).

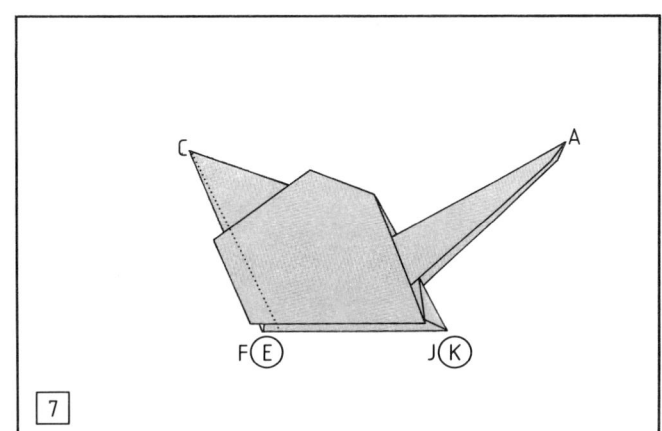

Fertiger Körper
(Abb. 8).

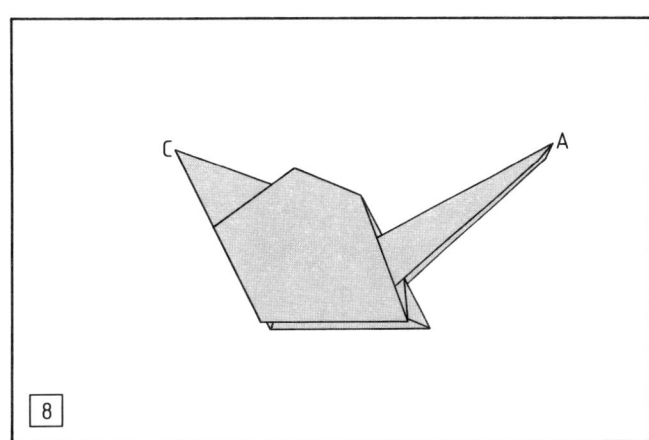

Den Kopf auf die Spitze
C des Körpers hängen
oder kleben (Abb. 9).

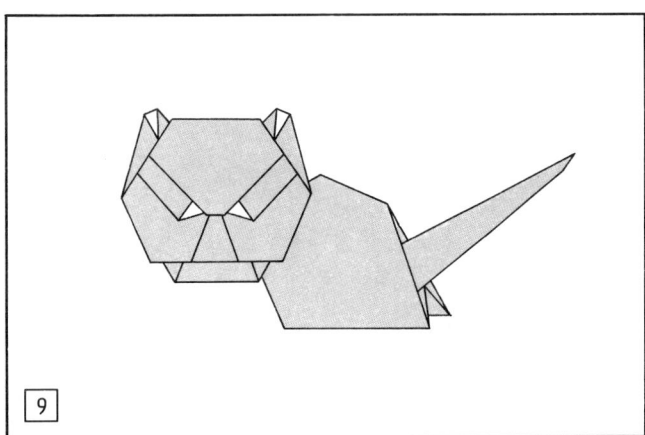

Hahn

Ausgang:
Kaninchen-Figur
(Abb. 3, S. 31).
Arbeit in die gezeigte
Lage drehen. Spitze **C**
durch eine Gegenbruch-
falte nach innen in der
punktierten Linie nach
oben bringen. Talfalten in
der gestrichelten Linie
bei Spitze **B** und **D**
(Abb. 1).

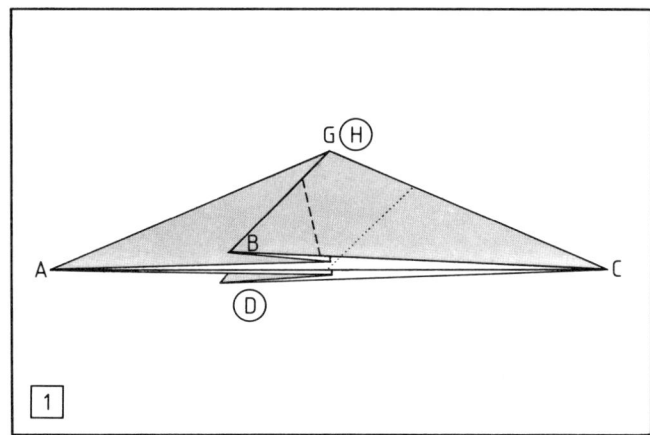

Arbeit in die gezeigte
Lage drehen. Durch
Berg- und Talfalte bei
Spitze **C** fällt **X** auf den in
Abb. 3 gezeigten Punkt.
Die Ecken **G** und **H** nach
innen falten.
Spitze **A** durch eine
Gegenbruchfalte nach
innen nach oben bringen
(Abb. 2).

Bei Spitze **C** durch Berg-
falte in der punktierten
Linie den Kopf formen.
Bei Spitze **A** Gegen-
bruchfalte nach innen
(Abb. 3).

Bei Spitze **A** Gegen-
bruchfalte nach außen.
Bei Spitze **C** durch
Gegenbruchfalten nach
innen und außen den
Schnabel formen (Abb. 4).

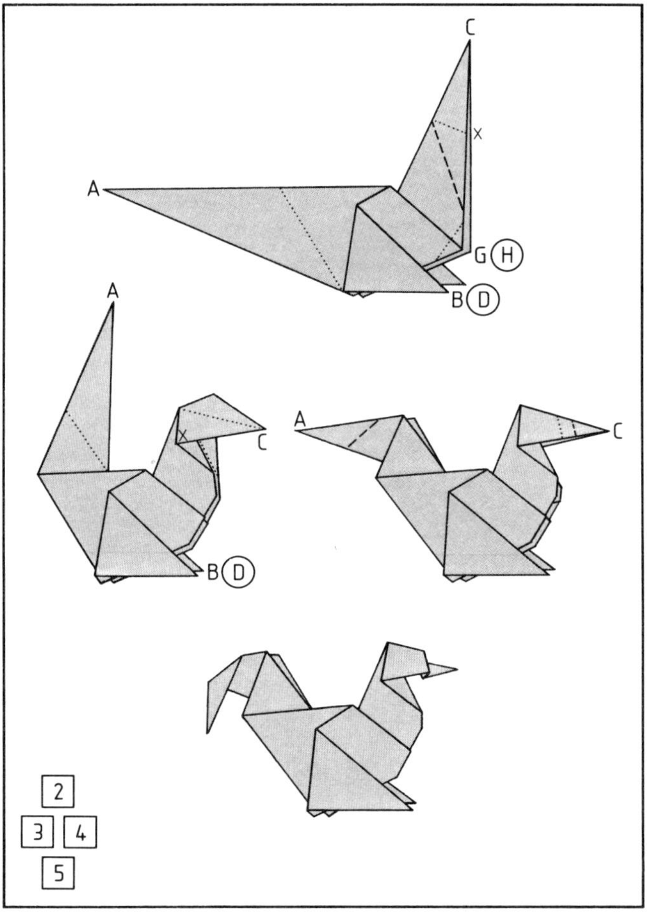

58

Maske I

Ausgang:
Drachengrundform

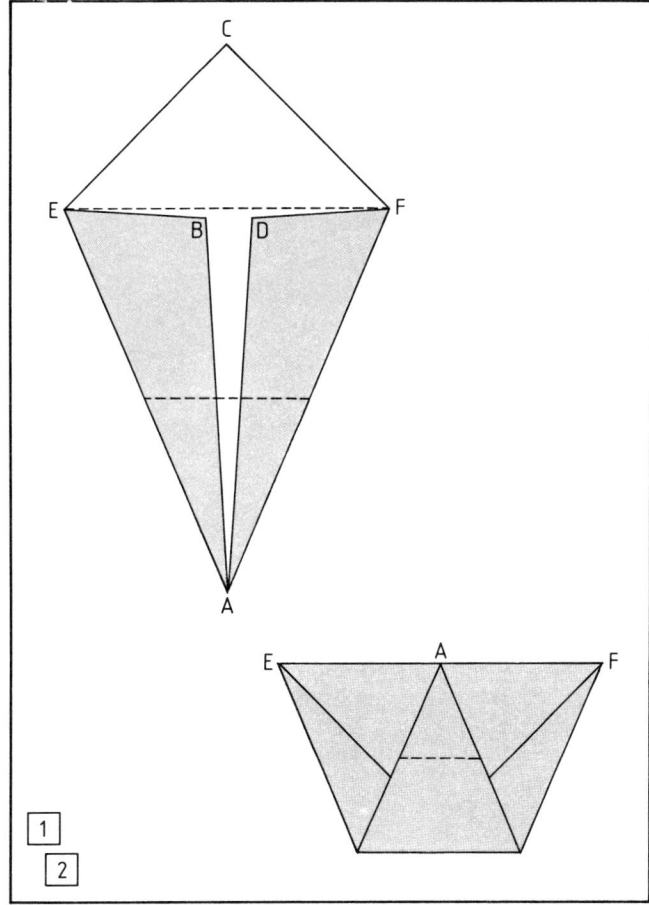

Talfalte bei Ecke **C**.
Talfalte bei Spitze **A**
(Abb. 1).

Bei Spitze **A** Talfalte
(Abb. 2).

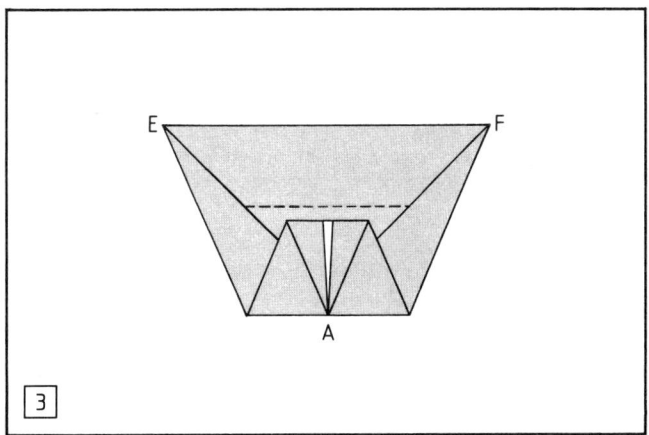

Bei Ecke **C** Talfalte
(Abb. 3).

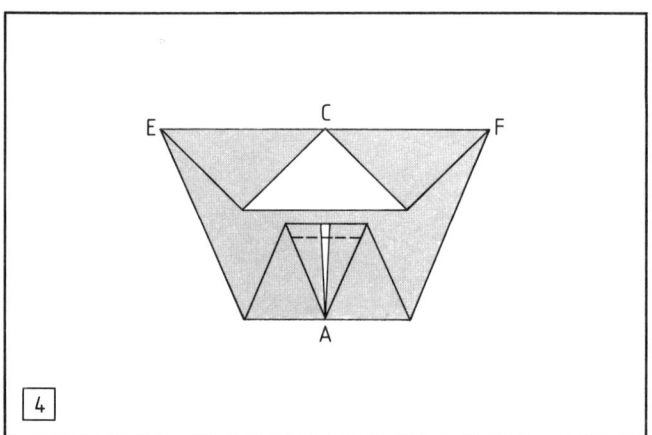

Bei Spitze **A** Talfalte
(Abb. 4).

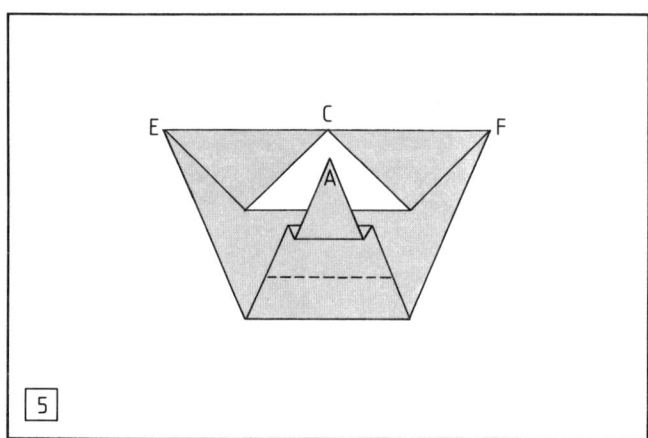

Bei Spitze **A** Talfalte
(Abb. 5).

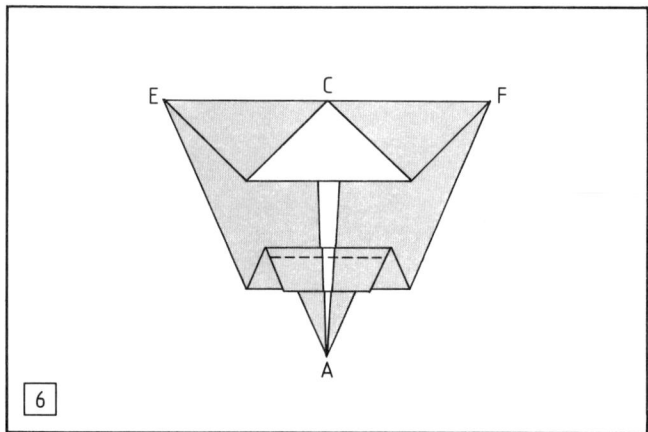

Bei Spitze **A** Talfalte
(Abb. 6).

60

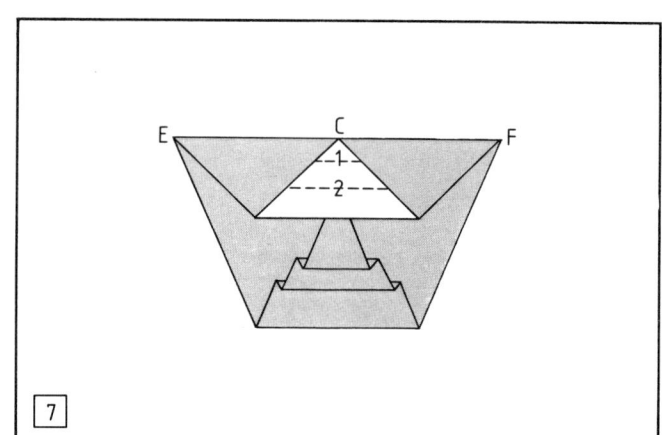

Bei Ecke **C** Talfalten in
den gestrichelten Linien 1
und 2. Ecke **C** unter
die Bruchkante stecken,
wie in Abb. 8 zu sehen
(Abb. 7).

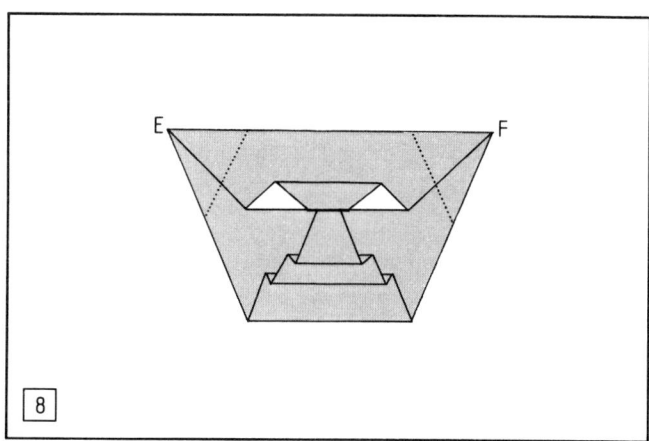

Bergfalten bei den
Spitzen **E** und **F** (Abb. 8).

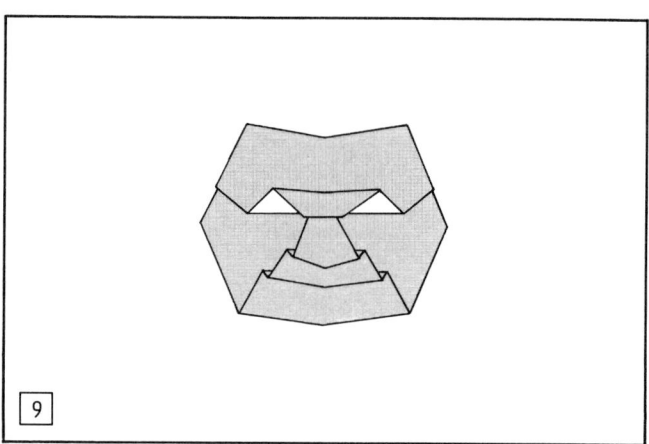

Die fertige Maske
(Abb. 9).

Maske II

Ausgang:
Abb. 7 der Maske I auf
S. 62.

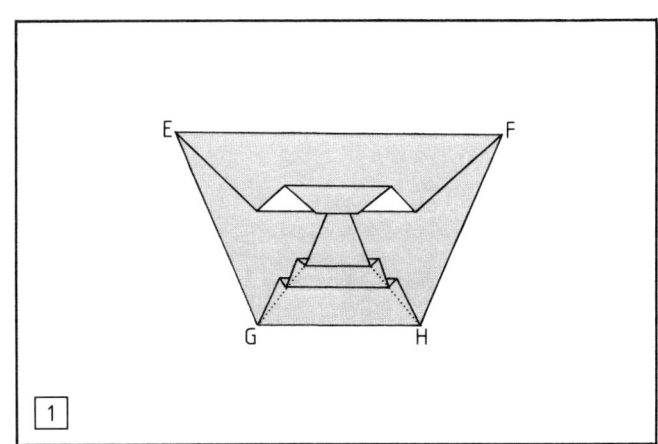

Bei Spitze **A** Bergfalten
in den punktierten Linien
(Abb. 1).

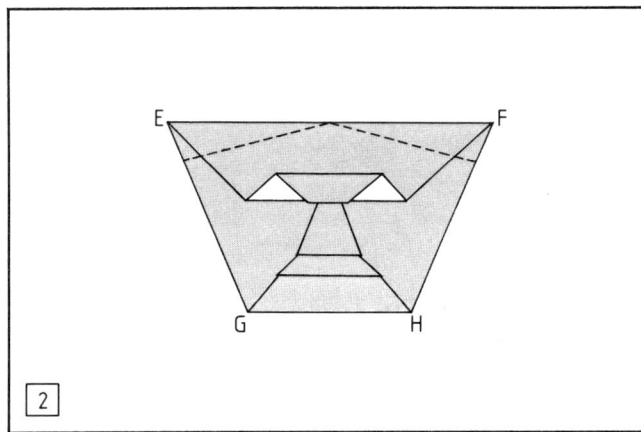

Talfalten bei den Ecken **E**
und **F** (Abb. 2).

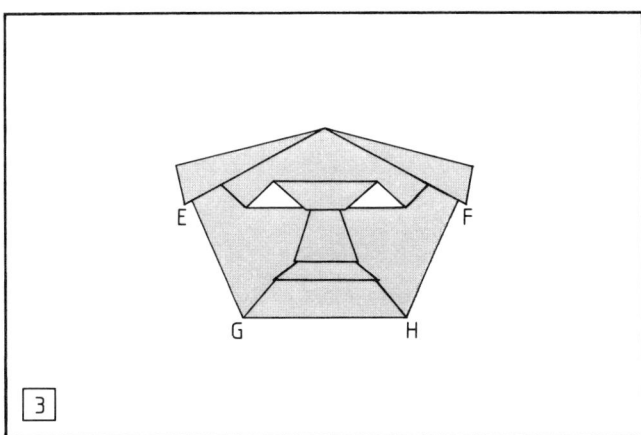

Arbeit wenden
(Abb. 3).

Talfalten bei den Ecken **G** und **H**. Bei den Spitzen **E** und **F** Talfalten in den gestrichelten und Bergfalten in den punktierten Linien. Dadurch fallen die Punkte **X** in die in Abb. 5 gezeigte Position (Abb. 4).

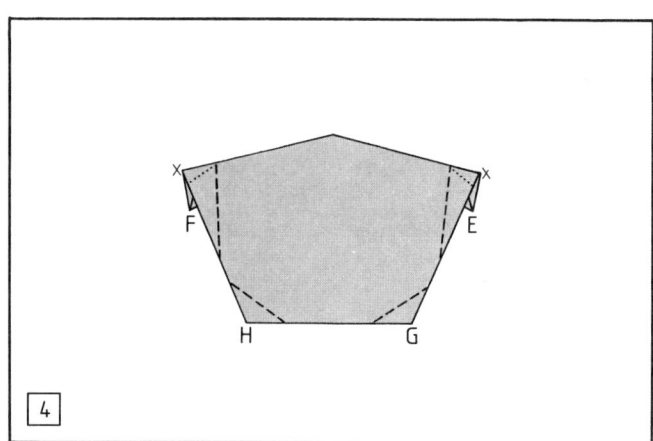

Arbeit wenden (Abb. 5).

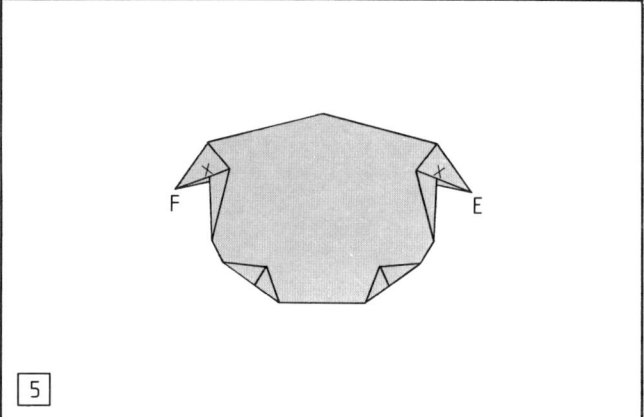

Die fertige Maske (Abb. 6). Die Körper der Geister, die in der farbigen Abbildung (S. 61) ihr Unwesen treiben, sind aus einer anderen Grundform frei entwickelt.

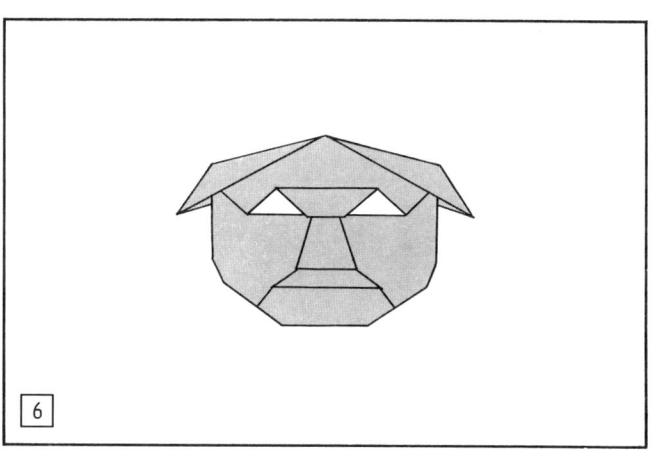